Deutsch als Fremdsprache für Juristen

DaF an der Hochschule
Lehr- und Lernmaterialien

herausgegeben von Lothar Bunn

im Auftrag des WiPDaF e.V.
(Wissenschaftliche internationale
Partnerschaften Deutsch als Fremdsprache)

Band 1

Lothar Bunn, Gabriel Kacik

Deutsch als Fremdsprache für Juristen

Lehr- und Lernmaterialien zum Zivilrecht

Waxmann 2019
Münster • New York

Bibliografische Informationen der Deutschen Nationalbibliothek
Die Deutsche Nationalbibliothek verzeichnet diese Publikation in der Deutschen Nationalbibliografie; detaillierte bibliografische Daten sind im Internet über http://dnb.dnb.de abrufbar.

DaF an der Hochschule, Band 1

ISSN 2511-0586
Print-ISBN 978-3-8309-3998-6
E-Book-ISBN 978-3-8309-8998-1

www.waxmann.com
info@waxmann.com

Zeichnungen: Miriam Scholz, Köln
Umschlaggestaltung: Anne Breitenbach, Münster
Satz: Stoddart Satz- und Layoutservice, Münster
Druck: Elanders GmbH, Waiblingen

Gedruckt auf alterungsbeständigem Papier, säurefrei gemäß ISO 9706

Printed in Germany

Inhalt

Einleitung

Für Deutschkurse, die sich an ausländische Studierende der Rechtswissenschaft und Juristen wenden, fehlt es an geeigneten Unterrichtsmaterialien. Auf diesen Mangel wollen die Autoren reagieren und legen ein Lehrbuch vor, das kurstragend eingesetzt werden kann, aber auch – nicht zuletzt aufgrund eines umfangreichen Lösungsteils – zum Selbststudium geeignet ist.

Die Zielgruppe

Deutschkurse für Juristen, die an Hochschulen im semesterbegleitenden Programm oder als Hochschulsommerkurs angeboten werden, bestehen hinsichtlich der kulturellen Prägung, der Berufserfahrung, aber auch der fachlichen und sprachlichen Vorkenntnisse aus einer sehr heterogenen Teilnehmergruppe. Dadurch unterscheiden sich die Bedürfnisse der Teilnehmer voneinander. Als gemeinsamem Merkmal kann man allenfalls von einem Sprachstand der Teilnehmer ausgehen, der mindestens auf B2-Niveau liegt. Zudem ist den Teilnehmern nach unserer Erfahrung gemeinsam, dass sie einen studienpropädeutisch ausgerichteten Kurs wünschen, der sich stark an fachlichen Inhalten orientiert.

Behandelte Fachinhalte

Bei der Frage, welches Rechtsgebiet behandelt werden sollte, entschieden die Teilnehmer unserer Kurse. Die überwiegende Mehrheit ist kursübergreifend am deutschen Zivilrecht interessiert, eine deutliche Minderheit am Strafrecht. Um ein grundlegendes Verständnis des Zivilrechts zu unterstützen, haben wir uns im Wesentlichen auf die Behandlung ausgewählter Normen des Bürgerlichen Gesetzbuches beschränkt. Es sollen Techniken vermittelt werden, sich die schwer verständlichen Normen des BGB erschließen zu können.

Der Gutachtenstil ist nicht Gegenstand dieses Lehrbuches, sondern eines zweiten Bandes, der zu einem späteren Zeitpunkt geplant ist.

Aufbau des Lehrbuches

Auch wenn sich die Inhalte auf das Zivilrecht fokussieren und durch diese Beschränkung eine fachliche Oberflächlichkeit vermieden werden soll, wird kein juristisches Repetitorium angestrebt, sondern ein Sprachkurs. Die fachlichen Inhalte strukturieren dabei die Abfolge der Kapitel, die Förderung sprachlicher Kenntnisse und Fähigkeit bleibt aber das Ziel.

Ausgehend von rechtlichem Hintergrundwissen etwa über die Prinzipien des BGB und des Gerichtsaufbaus in Deutschland, folgt eine Erschließung wesentlicher Elemente des BGB, also des Vertragsschlusses inklusive der Willenserklärung, Geschäftsfähigkeit, Stellvertretung und Anfechtung, die durch sprachliche

Übungen und Anwendungen auf dargestellte Fälle erfolgt. Die Kapitel sind in jeweils gleicher Weise aufgebaut. Einem Hinweis auf die Lehr- und Lernziele zu Beginn folgt eine Darstellung rechtlicher Inhalte mit fachlichen und sprachlichen Übungsaufgaben. Wiederholungs- und Kontrollaufgaben wie auch die anschließenden Vertiefungshinweise sollen den Lernprozess unterstützen. Für einzelne Aufgaben stehen digitale Vorlagen unter www.waxmann.com/buch3998 zur Verfügung.

Handlungshinweise sind dabei orangefarben markiert, weitere Hinweise auf die Anhänge blau. Da nicht davon auszugehen ist, dass jeder Kursleiter ein Jurist ist und die Lösungen für die gestellten Aufgaben fachgerecht liefern kann, gibt es am Ende eines jeden Kapitels umfangreiche Anhänge, in denen Lösungen bzw. Lösungsvorschläge angeboten werden. Pfeile ▶ verweisen auf weitere Anwendungsbeispiele und weiterführende Hinweise.

Sprachliche Inhalte

Durch die Orientierung an einer fachlichen Progression ergeben sich die Prioritäten für die Sprachbehandlung aus den juristischen Quellen, die behandelt werden. Die Behandlung sprachlicher Phänomene erfährt dadurch keine systematische Progression. Da es zumeist darum geht, Normen des BGB zu erschließen, stehen zunächst Erschließungstechniken von Gesetzestexten (z.B. Visualisierungen, Satzanalysen) im Vordergrund. Dabei spielen sprachliche Phänomene wie Nomen-Verb-Verbindungen, Modalverben, Konjunktionen usw. eine wichtige Rolle, da sie in der Rechtssprache häufig und in spezifischer, d.h. zum Teil schwer verständlicher Weise verwendet werden.

Die Orientierung an fachlichen Inhalten hat den Vorteil, dass grammatische Phänomene aus der Aussageabsicht des Gesetzgebers abgeleitet und damit funktional behandelt werden können. So signalisiert z.B. *soweit nicht,* dass der Gesetzgeber eine Ausnahmeregelung ausdrücken möchte.

Lehrziele

Mit der dargestellten inhaltlichen Auswahl, der an Gesetzestexten orientierten Behandlung sprachlicher Phänomene und der Vermittlung bestimmter Erschließungstechniken soll erreicht werden, dass die Teilnehmer lernen, sich selbständig und in Gruppen juristische Texte zu erschließen und diese auf Fälle anwenden zu können. Die Fallbearbeitung ist deshalb Bestandteil eines jeden Kapitels.

Die Rolle des Lehrenden

Der Lehrende muss kein ausgebildeter Jurist sein. Es ist aber unserer Ansicht nach notwendig, dass er sich juristische Grundkenntnisse aneignet. Mit Hilfe der Anhänge, in denen Lösungen und Lösungsvorschläge unterbreitet werden, kann sich ein Lehrender fachlich auf den Unterricht vorbereiten. Zu jedem Kapitel gibt es außerdem Vertiefungshinweise, die zur weiteren fachlichen Vorbereitung dienen können. Im Zweifelsfall kann der Lehrende die fachliche Kompetenz der Lernenden nutzen.

Für Juristen als Kursleiter, die keine sprachliche Ausbildung haben, stellt sich die Aufgabe, sich methodisch im Bereich der Sprachvermittlung zu schulen.

Die Arbeit mit dem Lehrbuch

Die Übungsfolge zielt darauf ab, (Gesetzes-)Texte zu finden, die für die Bearbeitung eines Falles erforderlich sind, sich diese Normen zu erschließen und auf den dargestellten Fall anzuwenden. Das Material des Lehrbuchs stellt ein Angebot dar, das aufgrund seiner Fülle nicht vollständig bearbeitet werden muss. Es sollte eine sinnvolle Auswahl getroffen werden, die sich an den Bedürfnissen der Teilnehmer orientiert. Dies gilt auch für die sprachlichen Themen und Aufgaben.

Die Einheiten bauen nicht zwingend aufeinander auf. Bei ausreichenden Kenntnissen der Teilnehmer können auch einzelne Abschnitte oder Kapitel übersprungen werden.

Die Übungsfolgen bieten viele Gelegenheiten, sprachlich mit dem Material zu arbeiten. Es bleibt der einzelnen Lehrkraft überlassen, zusätzliche sprachliche Übungen durchzuführen und die Gespräche mit weiteren sprachlichen Lehrzielen zu begleiten.

Die Kapitel entsprechen keinen Unterrichtseinheiten. Da die fachlichen Inhalte in sehr unterschiedlicher Weise komplex darzustellen sind, unterscheiden sich die Kapitel hinsichtlich ihres Umfangs erheblich. Auch die Unterrichtsdauer, die für jedes Kapitel angesetzt werden sollte, lässt sich nicht immer auf Frequenzen von 90-minütiger Dauer herunterbrechen.

Häufig wird das kollegiale Arbeiten in Kleingruppen vorgeschlagen. Diese Arbeitsform entspricht auch der studentischen Praxis im Fachstudium. Sie soll bei den fachlich komplexen Anforderungen ermöglichen, sich gegenseitig zu stützen und durch Hilfestellungen einen nachhaltigen Lerneffekt zu erreichen.

gibt es außerdem Verfahrenshinweise, die zur weiteren [illegible] dienen können. Im Zweifelsfall kann der [illegible] Lernenden nutzen.

Für Juristen als Einsteiger, die [illegible] die Aufgabe, sich methodisch [illegible]

[illegible]

1. Einführung in das Recht

In diesem Kapitel lernen Sie,
fachlich, • was Recht ist, • worin die Aufgaben des Rechts bestehen, • dass Rechtsbegriffe eine fachliche Bedeutung haben, • wie das Rechtssystem aufgebaut ist, • dass sich rechtlich relevante Situationen bestimmten Rechtsgebieten zuordnen lassen. hinsichtlich Methodik und Lernstrategien, • dass sich juristische Inhalte durch ein Mind Map verständlich darstellen lassen. sprachlich, • die umgangssprachliche Bedeutung von Modalverben, • sich mit Fachbegriffen auseinanderzusetzen.

In diesem einführenden Kapitel geht es darum zu verstehen, welche Aufgaben bestehende Rechtssysteme in unserer Gesellschaft haben und wie das deutsche Rechtssystem aufgebaut ist. Als Ausgangspunkt der Überlegungen dient die Figur des Robinson.

1.1 Hinführung zum Thema

Teil 1 lesen

Robinson Crusoe erleidet Schiffbruch und strandet auf einer unbewohnten Insel. Da es niemanden gibt, der ihn retten könnte, nimmt er sein Schicksal selbst in die Hand und schafft es nach und nach mit viel Ideenreichtum, sich auf der Insel einzurichten.

(s.a. Anhang 1)

Über die Situation sprechen

Kommt in dieser Situation Recht zur Anwendung? Erläutern Sie Ihre Antwort.

In welchen Situationen und unter welchen Bedingungen kommt grundsätzlich Recht zur Anwendung?

Teil 2 lesen

Eines Tages entdeckt Robinson eine ihm unbekannte Spur im Sand und lernt wenig später Freitag kennen, der auf der Insel wohnt. Beide schließen schnell Freundschaft und leben zusammen. Auf Dauer birgt dieses Leben allerdings Konflikte und neue Herausforderungen, so dass Robinson Verhaltensregeln entwirft, mit denen das Zusammenleben geregelt werden soll.

Über die Situation von Robinson und Freitag sprechen (1)

Welche Art von Konflikten können im Zusammenleben zwischen Robinson und Freitag auftreten?

Beantworten Sie diese Frage, indem Sie folgendermaßen vorgehen:

- Bilden Sie Gruppen zu je drei Personen.
- Entwickeln Sie konkrete Beispiele.
- Machen Sie Notizen auf Karten, die Sie von der Lehrperson erhalten.

Diebstahl z.B.

Ruhestörung z.B.

- Hängen Sie die Karten an die Wand und erläutern Sie Ihre Ergebnisse im Plenum.
- Ordnen Sie die Karten nach Rechtsgebieten, also Zivilrecht, Strafrecht, Öffentliches Recht.

Über die Situation von Robinson und Freitag sprechen (2)

Besprechen Sie in Ihrer Gruppe folgende Fragen:

- Inwiefern helfen bei der Lösung der Konflikte die Verhaltensregeln, die Robinson entworfen hat?
- Wo sind deren Möglichkeiten und Grenzen?
- Hat Robinson ein Alleinbestimmungsrecht? Ist eine gemeinsame Einigung nötig, um miteinander in Frieden leben zu können?

(zu möglichen Aspekten s. Anhang 2)

Über Verstöße gegen Verhaltensregeln schreiben

Schreiben Sie einen Text, indem Sie die folgenden Fragen schriftlich beantworten. Tauschen Sie Ihren Text mit einem anderen Teilnehmer und geben Sie sich Feedback.

Fragen: Was passiert, wenn einer der beiden gegen die Verhaltensregeln verstößt? Welche Konsequenzen können sich ergeben?

Teil 3 lesen

Als es kälter wird, friert Freitag. Da er keine Kleidung hat, zieht er sich eine Hose und ein Hemd von Robinson an. Damit verstößt er aber gegen die gemeinsamen Verhaltensregeln, und es entsteht eine Auseinandersetzung zwischen beiden, weil Robinson seine Kleidung als sein Eigentum betrachtet und sie zurückfordert.

Sich mit dem Verhalten auseinandersetzen

- Bilden Sie Gruppen aus vier Personen. In der Gruppe schreiben zwei Personen Argumente auf, die das Verhalten von Freitag rechtfertigen, die anderen beiden Argumente für die Forderung von Robinson.

Robinson	**Freitag**
Argumente für die Auseinandersetzung sammeln	Argumente für die Auseinandersetzung sammeln ....

- Führen Sie nun in Ihren Vierergruppen die Auseinandersetzung. Gehen Sie dabei zuerst auf die Argumente der Gegenseite ein, bevor Sie eigene Argumente vorbringen.

1.2 Sprachliche Übungen

Modalverben

In der Rechtssprache werden häufig Modalverben benutzt, um Tatbestände und deren Rechtsfolgen darzustellen. Im Folgenden geht es darum, die Bedeutung der Modalverben in der umgangssprachlichen Verwendung zu verstehen und zu üben. In einem späteren Kapitel wird dann dargestellt, welche Intention der Gesetzgeber im Bürgerlichen Gesetzbuch bei der Verwendung von Modalverben verfolgt.

Modalverben benutzen

Bilden Sie Sätze, die auf das Zusammenleben von Freitag und Robinson zutreffen. Beachten Sie dabei die Verbindlichkeit der Verhaltensregeln (Vorlage online).

Freitag/ Robinson	kann	so gut kochen, dass Robinson immer mehr zunimmt.
Freitag	kann nicht	
	darf	
	darf … nicht	
	muss	
	muss … nicht	
	müsste	
	soll	
	sollte nicht	
	hat zu	

Fachbegriffe

Sich mit Fachbegriffen schriftlich auseinandersetzen

Sie haben in den Gruppen eine Auseinandersetzung zwischen Robinson und Freitag geführt.

Schreiben Sie auf, welche Rolle dabei folgende Begriffe spielen könnten:

- Recht des Stärkeren
- Naturrecht
- positives Recht
- Exekutive

1.3 Der Aufbau des Rechtssystems

Teil 4 lesen

Ein deutsches Schiff landet auf der Insel von Robinson und Freitag. Beide werden von dem Schiff mitgenommen und erreichen Deutschland. Dadurch ändert sich ihre rechtliche Situation.

Unterrichtsgespräch

Als Vorbereitung auf Überlegungen, welche Funktionen das Recht hat, diskutieren Sie im Plenum die folgenden Fragen. Denken Sie dabei an die Konflikte, die zwischen Robinson und Freitag geherrscht haben.

- Inwiefern verändert sich die rechtliche Situation zwischen Robinson und Freitag mit ihrer Ankunft in Deutschland?
- Welche Funktionen hat das Recht für die beiden Kontrahenten?

Text hören zum Thema Funktionen des Rechts

- Hören Sie sich den Vortrag Ihrer Lehrkraft zum Thema *Funktionen des Rechts* an (s.a. Anhang 3), ohne in den Anhang zu schauen.
- Machen Sie sich Notizen.
- Bilden Sie eine Gruppe und verfassen Sie gemeinsam ein einfaches Mind Map zu den Funktionen des Rechts, das anschließend im Plenum diskutiert werden kann.

(Lösungsvorschlag in Anhang 4)

Aufbau des Rechtssystems

Um die Funktionen des Rechts zu gewährleisten, hat sich in Deutschland ein Rechtssystem entwickelt, das folgendermaßen aufgebaut ist:

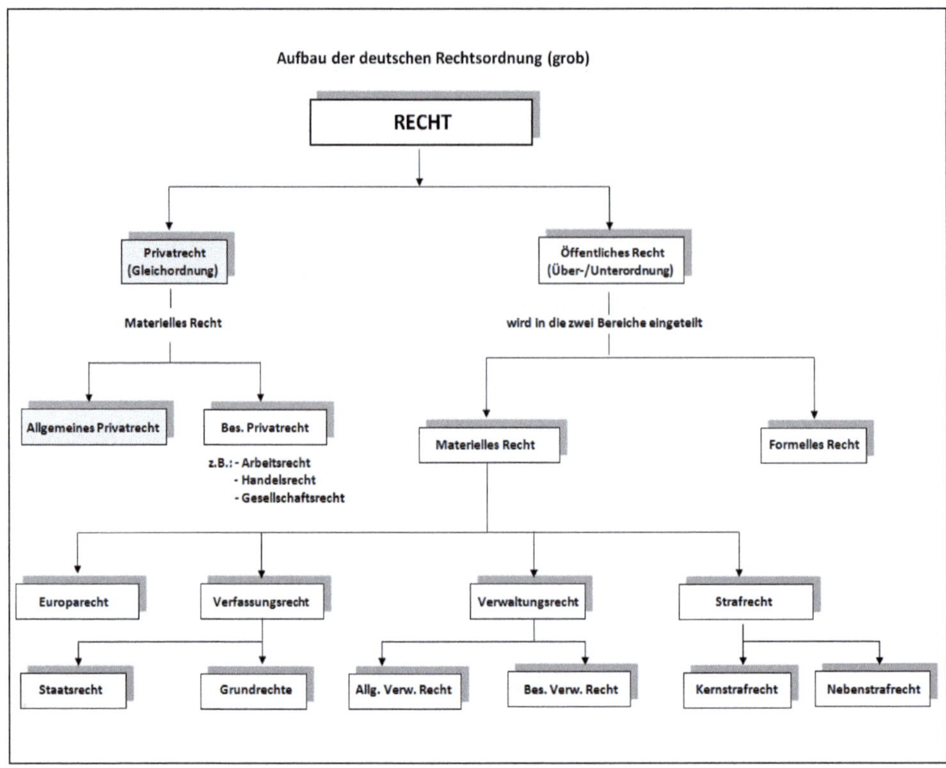

Das Mind Map ergänzen

Welche Gesetze kennen Sie? Ordnen Sie den jeweiligen Rechtsbereichen in dem obigen Schema Gesetze zu.

Übung zum Anwendungsbereich der Rechtsgebiete

Entscheiden Sie, welches Rechtsgebiet in den folgenden Situationen anwendbar ist und begründen Sie Ihre Antwort (Vorlage online).

	Situation	**Zivil-recht**	**Öffentliches Recht**	**Straf-recht**	**Begründung**
Bsp.	Erhard kauft einen neuen Fernseher und stellt zu Hause fest, dass es bereits einen Kratzer hat.	*x*			*Ein Kaufvertrag ist ein horizontales Rechtsverhältnis zwischen zwei Personen.*
(1)	Tim fährt zu schnell. Er muss ein Bußgeld in Höhe von 80,00 € zahlen.				
(2)	Sara Maria fährt mit ihrem Auto in ein anderes parkendes Auto. Sie muss nun ein Bußgeld in Höhe von 35,00 € zahlen, will aber nicht für den Schaden des anderen aufkommen, weil sie meint, dass er niedriger ist als angegeben.				
(3)	Tina vermutet, dass ihr Freund eine Liebhaberin hat. Nachts lauert sie ihr auf und bedroht sie mit einer Waffe.				
(4)	Benjamin hat Valerie seine Wohnung vermietet. Nun will er die Miete erhöhen.				
(5)	Franz beantragt bei der zuständigen Behörde Arbeitslosengeld II (auch Hartz IV genannt).				
(6)	Martina soll zu hohe Steuern zahlen. Sie legt Einspruch gegen ihren Steuerbescheid ein.				
(7)	Im Finanzamt ist die Elektrizität kaputt. Michaela ist Elektrikerin und repariert sie.				

Sich auf das folgende Kapitel vorbereiten

Bereiten Sie sich auf das folgende Kapitel vor, indem Sie sich über folgendes informieren:

a) Gewaltenteilung
b) Die Gesetzgebungskompetenzen
c) Gesetzgebungsverfahren
d) Welche Formen von Gesetzen gibt es?
e) Wie verläuft das Gesetzgebungsverfahren?

Wiederholungs- und Kontrollaufgaben
Beantworten Sie folgende Fragen: a) Wie definiert man Recht? b) Wie entsteht Recht? c) In welchen Situationen kommt Recht zur Anwendung? d) Welche Funktionen hat das Recht? e) Von welchen anderen sozialen Formen ist das Recht abzugrenzen? f) Wie ist das deutsche Recht aufgebaut?

(Lösungen in Anhang 5)

Vertiefungshinweise

Robbers, G. (2017): *Einführung in das deutsche Recht*, S. 22.
Kühl, K. & Reichold, H. & Ronellenfitsch, M. (2015): *Einführung in die Rechtswissenschaft: Ein Studienbuch*, S. 1–5, 14–21.
Brox, H. & Walker, W.-D. (2018): *Allgemeiner Teil des BGB*, S. 1–14.
Köhler, H. (2018): *BGB Allgemeiner Teil*, S. 1–9.
Wörlen, R. & Metzler-Müller, K. (2016): *BGB AT, mit Einführung in das Recht*, S. 1–19.

Thematische Vertiefung:
- Subordinationsverhältnis (Öffentliches Recht / Strafrecht)
- Gleichordnungsverhältnis (Zivilrecht)

Anhang 1 Mögliche Themen des Gesprächs

Mögliche Aspekte, die angesprochen werden könnten:

- Anwendung nur bei Rechtsproblemen
- Naturrechtsproblematik (Art. 2 Abs. 1 GG)
- Funktionen des Rechts, z.B. Gewährleistung eines geordneten Zusammenlebens
- möglich bei Bedarf: Recht abgrenzen von Sitte, Moral, Religion, bei denen i.d.R. kein Recht zur Anwendung kommt

Anhang 2 Mögliche Aspekte des Gesprächs

Die Verhaltensregeln sind moralische Regeln ohne Durchsetzbarkeit. Sie sind rechtlich unverbindlich.

- Persönlichkeitsmerkmale wichtig: Akzeptanz, Respekt von Person und von Hab und Gut.
- Gemeinsamkeiten und Harmonie, Abgrenzung und Konflikte: sich gestört fühlen, Eigentum beanspruchen, Diebstahl, Körperverletzung, Vertrauen, Achtung, Wertschätzung: Freiwilligkeit und Hoffnung darauf, dass die Verhaltensregeln eingehalten werden.

Anhang 3 Hörtext zum Thema: Funktionen des Rechts

Funktionen des Rechts

Bei der Begegnung von Robinson und Freitag trafen unterschiedliche Interessen aufeinander. Während Freitag nach seinem Bedürfnis handelte, sich Kleidung als Schutz vor der Kälte zu besorgen, bestand Robinson darauf, dass die Kleidung zu seinem persönlichen Besitz gehört, der auch geschützt wird. Dadurch entstand ein Konflikt. Wenn derart unterschiedliche Interessen aufeinandertreffen, muss das Zusammenleben geordnet werden. Diese Funktion übernimmt das Recht. Dazu werden Regeln gesetzt, deren Einhaltung durchgesetzt werden muss.

Folgende Funktionen hat das Recht:

- **Ordnungsfunktion des Rechts**
Wie bereits gehört, schafft das Recht eine Ordnung, um das Zusammenleben der Menschen zu regeln. Das Vorhandensein und die Kenntnis derartiger Regeln kann einen Konflikt verhindern, bevor er überhaupt erst entsteht (= **Konfliktverhütung**). Ist aber ein Konflikt entstanden, so kann er gelöst werden, indem die Regeln angewendet werden (= **Konfliktlösung**).

- **Friedensfunktion des Rechts**
Es kommt also häufig vor, dass Normen allein einen Konflikt nicht verhindern können. Ein Beispiel dafür liefert das Völkerrecht.

Auch nationale Rechtsregeln werden nicht von allein befolgt. Es stellt sich also die Frage, wie die Regeln durchgesetzt werden können. Würde man die Durchsetzung von Regeln dem Einzelnen überlassen, würden sich die Stärkeren auf Kosten der Schwächeren durchsetzen. Die Aufgabe, das nationale Recht durchzusetzen, hat deshalb der Staat übernommen (z.B. im Strafrecht), oder aber der Staat hilft bei Bedarf dem Einzelnen dabei (z.B. im Zivilrecht). Man spricht hier von dem Gewaltmonopol des Staates.

- **Schutzfunktion des Rechts**
Allen Bürgern eines Staates wird zugesichert, dass ihnen der Staat, dem das Gewaltmonopol übertragen ist, bei der Durchsetzung des Rechts hilft. Der Einzelne hat den Anspruch, dass der Staat ihnen bei einer Konfliktlösung hilft. Beispielsweise muss die Polizei für Ordnung sorgen, der Staatsanwalt muss anklagen, wenn er etwas erfährt, der Staat muss Gerichte zur Verfügung stellen.

Anhang 4 Mind Map: Funktionen des Rechts

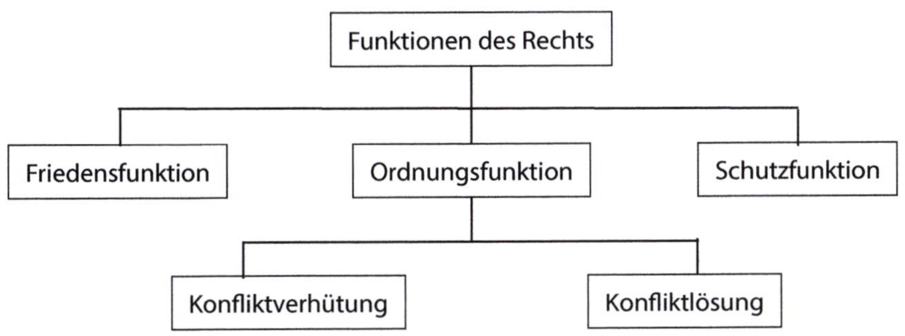

Anhang 5 Lösungen zu den Kontrollfragen

a) Recht ist ein geordnetes System von verbindlichen, staatlich garantierten Rechtsnormen (Gebote, Verbote, Rechtsvorschriften, Gesetze) durch die das Verhältnis von Menschen zueinander oder zu den übergeordneten Hoheitsträgern oder zwischen diesen geregelt werden soll.

b) Recht hat sich durch jahrelange Entwicklung herausgebildet und verfestigt. Recht entsteht durch ein Problem bzw. Konflikt in der Gesellschaft, das einer rechtlichen Lösung bedarf. Vor diesem Hintergrund entsteht Recht entweder als Gewohnheitsrecht oder als geschriebenes Recht, indem z.B. das Parlament eine Rechtsnorm zur Lösung dieses gesellschaftlichen Problems schafft. Voraussetzung ist allerdings, dass die Rechtsnorm ordnungsgemäß im Rahmen eines Gesetzgebungsverfahrens entstanden ist.

c) Recht kommt zur Anwendung, wenn Personen miteinander im Konflikt stehen und eine Lösung gefunden werden muss.

d) Friedensfunktion
Ordnungsfunktion: Konfliktverhütung, Konfliktlösung
Schutzfunktion

e) Moral (Sittlichkeit, Ethik), Sitte („Gewohnheit“; „Brauchtum“; „Gebrauch“) und Religion. Sitte und Moral sind Wurzeln des Rechts, d.h. das Recht ist aus ihnen entstanden. Viele Normen der Sitte und Moral decken sich mit entsprechenden Rechtsnormen, z.B.: das man nicht stehlen darf, ist ein Gebot des Rechts (§ 242 StGB), aber auch der Moral.

f) Privatrecht (Allgemeines/Besonderes Privatrecht)
Öffentliches Recht: Verfassungs-, Strafrecht (Kernstraf-, Nebenstrafrecht)
Allgemeines/Besonderes Verwaltungsrecht, Prozessrecht (ZPO, StPO, VwGO)

2. Juristische Grundlagen: Gewaltenteilung, Gesetzgebungskompetenz und Gesetzgebungsverfahren

In diesem Kapitel lernen Sie ...

fachlich,
- welche Rolle Gewaltenteilung in einer Konfliktsituation spielt,
- was eine juristische Norm ist,
- wer die Gesetzgebungskompetenz besitzt,
- wie das Gesetzgebungsverfahren geregelt ist.

sprachlich,
- wie eine Norm durch ein Konditionalsätze gebildet wird und welche Aussageabsicht der Gesetzgeber damit verbindet,
- dass man bei Konditionalsätzen Konjunktionen, Präpositionen oder Adverbiale verwenden kann.

hinsichtlich Methoden und Lernstrategien,
- grammatisches Wissen anzuwenden, um einen Text besser zu verstehen,
- ein juristisches Wörterbuch zu benutzen.

In Deutschland beruht das Rechtssystem auf der Gewaltenteilung. Die Kompetenz, Gesetze zu erlassen und das Gesetzgebungsverfahren hängen eng mit der Gewaltenteilung zusammen. Ein Verständnis des Rechtssystems bildet die Voraussetzung für die Arbeit mit den Gesetzen des BGB. Zu den juristischen Grundlagen gehört es auch zu verstehen, was eine Norm ist.

2.1 Die Gewaltenteilung

Vorwissen über die Gewaltenteilung abrufen

Beantworten Sie im Kurs folgende Fragen:
- Was verstehen Sie unter Judikative, Legislative und Exekutive?
- Wie hat sich die Gewaltenteilung historisch entwickelt?
- Welche Rolle spielen die drei Gewalten bei der Lösung der Auseinandersetzungen zwischen Robinson und Freitag, nachdem sie in Deutschland angekommen sind?

(Hinweise in Anhang 1)

2.2 Die Gesetzgebungskompetenz

Um Recht sprechen und ausführen zu können (Judikative und Exekutive), braucht man also ein verbindliches Rechtssystem, das durch die Legislative geschaffen wird. Für den Erlass von Gesetzen sind in einem föderalen System unterschiedliche Organe zuständig: der Bund, die Länder und Gemeinden (Kommunen).

Mit dem Grundgesetz arbeiten
Die Zuständigkeit für die Gesetzgebung ist im GG geregelt.

Nehmen Sie ein Grundgesetz zur Hand (Internet) und finden Sie die betreffenden Artikel des GG heraus.

Zuständigkeiten für:

Bund:	Art.	....	GG
Länder:	Art.	....	GG
Kommunen:	Art.	....	GG

(Lösung in Anhang 2)

Zuständigkeiten ermitteln

Entscheiden Sie, welches Organ für die folgenden Rechtsbereiche zuständig ist (Vorlage online):

Gesetze, Ordnungen, Satzungen	Gesetzgebung durch
Telekommunikationsgesetz	
Müllsatzung	
Kommunalrecht	
Straßenverkehrsordnung	
Waffengesetz	
Straßenverkehrsgesetz	
Schulgesetz	
Schulerlasse	
Baumschutzsatzung	
Bauordnung	
Luftverkehrsgesetz	

(Lösungen in Anhang 3)

Die Gesetzgebungskompetenzen lassen sich nicht nur auf den Bund, die Länder und Gemeinden beziehen, sondern man kann sie auch hinsichtlich der Legislative und Exekutive unterscheiden. In der folgenden Normenpyramide finden Sie den hierarchischen Aufbau der Rechtsnormen in Deutschland.

* Parlamentsgesetze (formelle Gesetze)
** Exekutivgesetze (materielle Gesetze)

Juristisches Wörterbuch benutzen

In der folgenden Aufgabe geht es darum, dass Sie ein juristisches Wörterbuch benutzen und kennenlernen. Beschreiben Sie zu diesem Zweck in Ihren eigenen Worten, was man unter formellen und unter materiellen Gesetzen versteht.

Die Normenpyramide verstehen

Ordnen Sie die folgenden Gesetze der Normenpyramide zu:

Gesetz	Zuordnung
Bundesimmissionsschutzgesetz	
Baunutzungsverordnung	
Gemeindeordnung	
Gewerbeordnung	
Straßenverkehrsordnung	
Promotionsordnung	
Durchführungsverordnung	
Geschäftsordnung	

Regelung im GG problematisieren

In Art. 80 GG wird die Exekutive vom Gesetzgeber ermächtigt, Gesetze zu erlassen. Besteht in dieser Ermächtigung ein Verstoß gegen die Gewaltenteilung?

(Formulierungsvorschlag in Anhang 4)

Bestehende Gesetzesformen erarbeiten

Um das deutsche Rechtssystem mit seiner zugrunde liegenden Gewaltenteilung zu verstehen, ist es sinnvoll, sich zunächst mit den unterschiedlichen Gesetzesformen zu beschäftigen.

Bilden Sie Dreiergruppen und bearbeiten Sie die folgenden Aufgaben:

- Ordnen Sie in Ihrer Gruppe die Rechts- und Gesetzesformen, die in der Wolke aufgeführt sind, in einem Baumdiagramm an.
- Notieren Sie darin auch die Zuständigkeit des Bundes und der Länder. Achten Sie darauf, dass in der Wolke Synonyme vorkommen.
- Finden Sie Gesetzesbeispiele für die Gesetzestypen.

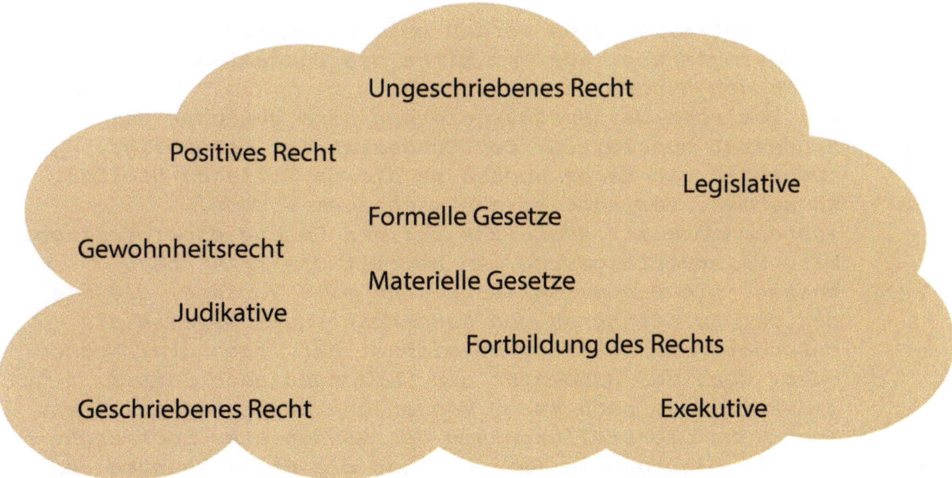

(Lösung in Anhang 5)

2.3 Das Gesetzgebungsverfahren

Vorwissen zur Sprache bringen

Was wissen Sie bereits über das Gesetzgebungsverfahren in Deutschland?

Für den Erlass von Gesetzen muss auf Bundes- wie auf Landesebene ein bestimmtes Gesetzgebungsverfahren durchlaufen werden. Es ist für die Bundesebene in den Artikeln 76 ff. GG geregelt und für die Bundesländer in der jeweiligen Landesverfassung.

Das Gesetzgebungsverfahren besteht aus der Gesetzesinitiative (Einleitungsverfahren) und dem Hauptverfahren.

Das Einleitungsverfahren

Artikel 76 Abs. 1 und 2 des GG lesen

Art.76 GG

I 1 *(1) Gesetzesvorlagen werden beim Bundestage durch die*
Bundesregierung, aus der Mitte des Bundestages oder
durch den Bundesrat eingebracht.
II 1 *(2) Vorlagen der Bundesregierung sind zunächst dem*
II 2 *Bundesrat zuzuleiten. Der Bundesrat ist berechtigt,*
innerhalb von sechs Wochen zu diesen Vorlagen Stellung
II 3 *zu nehmen. Verlangt er aus wichtigem Grunde,*
insbesondere mit Rücksicht auf den Umfang einer Vorlage,
eine Fristverlängerung, so beträgt die Frist neun
II 4 *Wochen. Die Bundesregierung kann eine Vorlage, die sie*
bei der Zuleitung an den Bundesrat ausnahmsweise als
besonders eilbedürftig bezeichnet hat, nach drei Wochen
oder, wenn der Bundesrat ein Verlangen nach Satz 3
geäußert hat, nach sechs Wochen dem Bundestag zuleiten,
auch wenn die Stellungnahme des Bundesrates noch nicht
II 5 *bei ihr eingegangen ist; sie hat die Stellungnahme des*
Bundesrates unverzüglich nach Eingang dem Bundestag
II 6 *nachzureichen. Bei Vorlagen zur Änderung dieses*
Grundgesetzes und zur Übertragung von Hoheitsrechten
nach Artikel 23 oder Artikel 24 beträgt die Frist zur
II 7 *Stellungnahme neun Wochen; Satz 4 findet keine*
Anwendung.

Inhalt zusammenfassen

- Fassen Sie den Inhalt dieses Artikels in wenigen Worten zusammen.
- Tragen Sie nun die folgenden Begriffe in die Strukturskizze ein (Doppelnennungen möglich) und nennen Sie den jeweiligen Absatz und Satz aus Art. 76 GG, auf den sich die Begriffe beziehen.
- Tragen Sie auch die Fristen ein, die in Art. 76 GG angegeben sind.

Bundesrat (2x) Bundestag (2x)
Bundesregierung (2x) Stellungnahme (2x)

Struktur des Einleitungsverfahrens

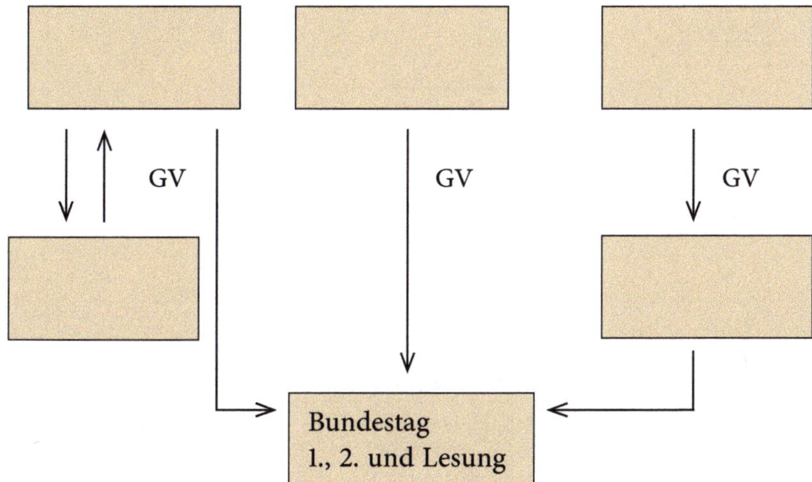

GV=Gesetzesvorlage

Inhalt des Artikels schriftlich paraphrasieren

Beschreiben Sie in eigenen Worten diesen ersten Teil des Gesetzgebungsverfahrens. Als Hilfe können Sie das obige Schema verwenden. Achten Sie auf den Aufbau Ihres Textes: Einleitungssatz zur Orientierung, gegliederter Hauptteil.

Das Hauptverfahren

Begriffe klären

An das Einleitungsverfahren schließt sich das Hauptverfahren an. Um es zu verstehen, brauchen Sie ein Verständnis der Begriffe *Einspruchsgesetz* und *Zustimmungsgesetz*.

- Lesen Sie Art. 77 Abs. 1–4 GG.
- Bilden Sie Dreiergruppen und klären Sie, was man unter den Begriffen versteht.

Das komplette Gesetzgebungsverfahren des Bundes lässt sich strukturell folgendermaßen darstellen:

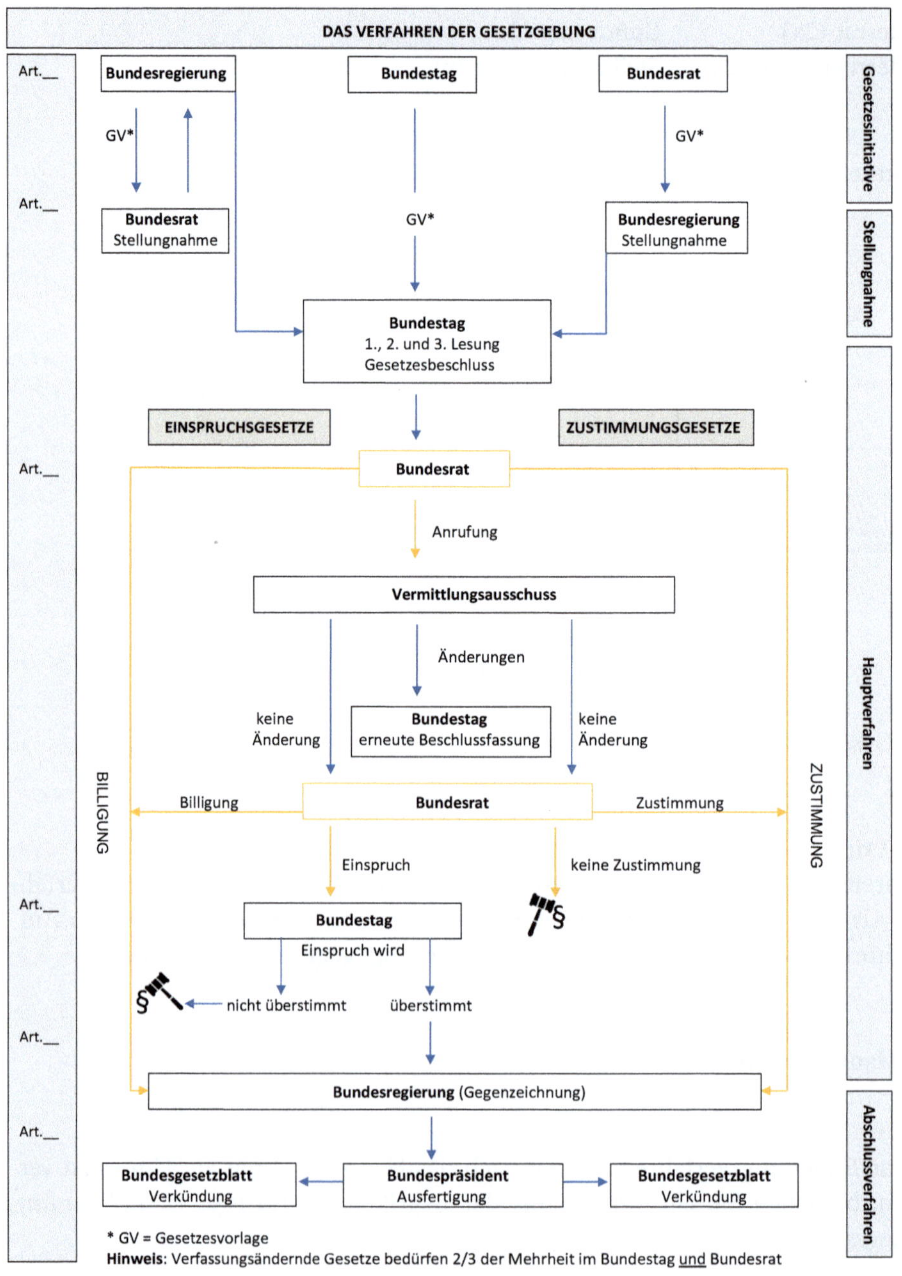

Die Begriffe anwenden

1) Entscheiden Sie anhand der angegebenen Eingangsformel, ob es sich bei den Gesetzen um ein Zustimmungs- oder Einspruchsgesetz handelt.

Gesetzestext	Einspruchs- oder Zustimmungsgesetz?
a) „Der Bundestag hat mit Zustimmung des Bundesrates das folgende Gesetz beschlossen."	
b) „Der Bundestag hat das folgende Gesetz erlassen."	

2) Lesen Sie die Eingangsformel für die folgenden Gesetze und entscheiden Sie, ob es sich um ein Zustimmungs- (ZG) oder Einspruchsgesetz (EG) handelt.

Gesetz	EG	ZG
a) Gesetz zur Änderung der Gewerbesteuer		
b) Gesetz zur Änderung der Präimplantationsdiagnostik		
c) Gesetz zur Aussetzung der Wehrpflicht		
d) Gesetz zur Abänderung des Art. 1 GG		
e) Gesetz zur Änderung der Legislaturperiode des Bundestages auf 3 Jahre		
f) Gesetz zur Kürzung der Bezüge der Beamten		

(Lösungen in Anhang 6)

2.4 Die Struktur von Rechtsnormen und deren sprachliche Entsprechung

Ein Gesetz (z.B. das GG) kann man als Quelle ansehen, in dem eine Vielzahl von Rechtsnormen enthalten sind. Als Beispiel für eine Norm kann Art. 19 GG dienen:

> (4) Wird jemand durch die öffentliche Gewalt in seinen Rechten verletzt, so steht ihm der Rechtsweg offen.

Bei diesem Artikel des GG handelt es sich um eine sogenannte Norm. Sie hat eine logische Struktur, die im Grundgesetz vereinzelt, im Bürgerlichen Gesetzbuch fast durchgehend auftritt. Diese Struktur besteht aus einem **Tatbestand** (Teil 1) und einer dazugehörenden **Rechtsfolge** (Teil 2).

Der Tatbestand gibt eine oder mehrere Voraussetzungen, Bedingungen bzw. Tatbestandsmerkmale (s. Sachverzeichnis) an. Wenn sie erfüllt sind, tritt eine Rechtsfolge ein, die sich aus der Summe der Tatbestandsmerkmale ergibt.

Art. 19 Abs. 4 GG	
Tatbestand	Rechtsfolge
Jemand wird durch die öffentliche Gewalt in seinen Rechten verletzt.	Dieser Person steht der Rechtsweg offen.

Um eine juristische Norm in ihrer logischen Struktur zu verstehen, ist es von großer Bedeutung, dass Sie in dem Gesetzestext den Tatbestand und die Rechtsfolge erkennen. Häufig helfen Ihnen dabei sprachliche Signale oder Satzstrukturen, die auf die Voraussetzungen bzw. auf die Rechtsfolge hinweisen.

Die sprachliche Struktur von Rechtsnormen

Die logische Struktur einer juristischen Norm entspricht häufig der sprachlichen Struktur eines Satzes, der aus einem Konditionalsatz und einem Folgesatz besteht.

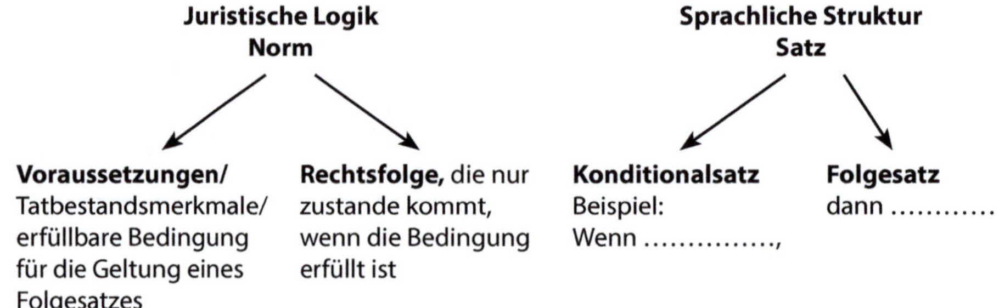

Der Konditionalsatz ist ein Nebensatz, in dem das Verb am Ende steht. Der Folgesatz ist ein Hauptsatz. Der Konditionalsatz wird durch ein Signalwort angezeigt, in diesem Fall durch die Konjunktion *wenn.*

Übersicht über die sprachliche Struktur

Satz:	**Konditionalsatz +**	**Folgesatz**
Antwort auf die Fragen:	Unter welcher Bedingung? Voraussetzung?	Mit welcher rechtlichen Folge?
Beispiel Art. 37 Abs. 1 GG:	**Wenn** ein Land ....,	(dann) kann die Bundesregierung ......

Signalwörter suchen

- Suchen Sie im Internet oder in einer Grammatik weitere Signalwörter, die eine Bedingung kennzeichnen.
- Bilden Sie dann einen Satz mit diesem Signalwort.
- Tragen Sie im Plenum die Wörter zusammen und bilden Sie drei Wortgruppen: Konjunktionen, Präpositionen und Adverbiale.

Die Ordnung der Signalwörter

Es ist möglich, eine Voraussetzung mit Hilfe einer Konjunktion, einer Präposition oder eines Adverbials sichtbar zu machen. Bei deren Verwendung verändert sich die Satzstruktur.

Konjunktion: Konjunktionen (z.B. *wenn*) leiten einen Nebensatz ein. Die Konjunktion kann auch wegfallen, das Verb tritt dann an den Anfang des Satzes.
Beispiel: Wenn die Freiheitsentziehung gerichtlich angeordnet wurde, dann ist die Zwangsarbeit zulässig. (Art. 12 Abs. 3 GG) Ist die Freiheitsentziehung gerichtlich angeordnet worden, dann ist die Zwangsarbeit zulässig.

Präposition: Eine Präposition steht immer mit einem Substantiv und bildet einen Teil eines Satzes, eine Phrase.
Beispiel: Zwangsarbeit ist nur *bei einer gerichtlich angeordneten Freiheitsentziehung* zulässig. (Art. 12 Abs. 3 GG)

Adverbial: Adverbiale leiten i.d.R. einen Hauptsatz ein. Sie werden in der Rechtssprache nicht benutzt, weil die Formulierung zu umständlich und auch ungenau ist und weil die Allgemeingültigkeit, d.h. der Abstraktionsgrad der Aussage nicht sichtbar wird.
Beispiel: Zwangsarbeit ist zwar zulässig. Dazu muss aber eine gerichtlich angeordnete Freiheitsentziehung vorliegen.

Mit Signalwörtern arbeiten

Um ein Gefühl für die sprachlichen Ausdrucksmöglichkeiten zu gewinnen, tragen Sie bitte in die leeren Kästchen die fehlenden Sätze ein (Vorlage online).

Konjunktionen	Präpositionen	Adverbiale
a) Wenn ein (entsprechendes) Gesetz erlassen wird, kann das Recht auf Versammlungsfreiheit eingeschränkt werden (Art. 8 Abs. 2 GG, umformuliert). b) Wird ein Gesetz erlassen, …	Das Recht auf Versammlungsfreiheit kann **durch Gesetz** beschränkt werden.	Das Recht auf Versammlungsfreiheit kann beschränkt werden. Dazu muss ein Gesetz erlassen werden.
a) b)	Bei Veränderung der Einrichtung der Gerichte oder ihrer Bezirke können Richter an ein anderes Gericht versetzt werden (Art. 97 Abs. 2 GG).	
a) Wenn ein Bundesrichter gegen die Grundsätze des Grundgesetzes verstößt, so kann er in den Ruhestand versetzt werden (Art. 98 Abs. 2 GG, verändert). b) Verstößt ein Bundesrichter …		
a) b)		Die Herstellung gleichwertiger Lebensverhältnisse im Bundesgebiet macht eine bundesgesetzliche Regelung erforderlich. Der Bund hat dann auf dem Gebiet des Artikels 74 das Gesetzgebungsrecht.

Übersicht über die sprachlichen Signale

Wortart: Satzstruktur:	Konjunktionen NS + HS/HS + NS	Präpositionen HS	Adverbiale HS + HS
Wörter:	**wenn** (…, dann/ …, so) sofern falls soweit solange	**bei** + Dat. im Falle + Gen. im Falle von + Dat. **durch** mit	dazu, dann unter dieser Bedingung
Alternative:	keine Konjunktion, Verb am Anfang		

Konjunktionen

Bei den Signalwörtern handelt es sich nicht um Synonyme. Ihre Bedeutung weicht voneinander ab.

sofern Mit ihr möchte der Gesetzgeber einen Spielraum eröffnen. Die Rechtsfolge gilt nur in dem Umfang, der durch die Regelung festgelegt wurde. Man kann die Konjunktion ersetzen durch „in dem Maße, wie".

Beispiel:

> Bei der Feststellung des Patientenwillens (…) soll nahen Angehörigen (…) des Betreuten Gelegenheit zur Äußerung gegeben werden, sofern dies ohne erhebliche Verzögerung möglich ist.

§ 1901b Abs. 2 BGB (▶ s.a. § 1915 Abs. 1 S. 2)

wenn/falls Mit ihnen werden generalisierte Voraussetzungen ausgedrückt, um die es in Gesetzestexten i.d.R. geht.

Beispiel:

> Gegen den Willen der Erziehungsberechtigten dürfen Kinder nur auf Grund eines Gesetzes von der Familie getrennt werden, wenn die Erziehungsberechtigten versagen (…).

Art. 6 Abs. 3 GG (▶ s.a. Art 7 Abs. 4 S. 3 und S. 4 GG)

soweit Mit dieser Konjunktion möchte der Gesetzgeber auf eine Bedingung verweisen, die einen Spielraum eröffnet (s.a. „sofern"). Die Rechtsfolge gilt nur in dem Umfang, der durch die Regelung festgelegt wurde. Man kann die Konjunktion ersetzen durch „in dem Maße, wie".

Beispiel:

Soweit nach diesem Grundgesetz ein Grundrecht durch Gesetz oder auf Grund eines Gesetzes eingeschränkt werden kann, muss dieses Gesetz allgemein und nicht nur für den Einzelfall gelten. (Das Grundrecht kann in dem Maße eingeschränkt werden, wie ...)

Art. 19 Abs. 1 GG (▶ s.a. Art. 17a Abs. 1 GG, Art. 19 Abs. 3 und Abs. 4 GG, § 29 BGB, § 25 BGB, § 89 Abs. 2)

solange/ bis Der Gesetzgeber möchte für einen Tatbestand einen zeitlichen Endpunkt angeben, bis zu dem eine Rechtsfolge eintritt.

Beispiel:

Das Kind behält den Wohnsitz, bis es ihn rechtsgültig aufhebt.

§ 11 S. 3 BGB

sobald Der Gesetzgeber möchte für einen Tatbestand einen Zeitpunkt angeben, ab dem eine Rechtsfolge eintritt.

Beispiel:

Der Verein oder die Behörde ist zu entlassen, sobald der Betreute durch eine oder mehrere natürliche Personen hinreichend betreut werden kann.

§ 1908b Abs. 5

Präpositionen

Mit den folgenden Präpositionen möchte der Gesetzgeber auf die Voraussetzung einer Rechtsfolge verweisen.

bei **Beispiel:**

Bei Gefahr im Verzuge kann sie auch durch einen einzelnen Richter getroffen werden.

Art. 13 Abs. 3 S. 4 GG (▶ s.a. § 1492 Abs. 3 S. 2 BGB, § 1901b Abs. 2 BGB, Art. 34 S. 2 GG)

durch **Beispiel:**

Durch den Kaufvertrag wird der Verkäufer einer Sache verpflichtet, dem Käufer die Sache zu übergeben und das Eigentum an der Sache zu verschaffen.

§ 433 Abs. 1 S. 1 BGB (▶ s.a. § 598 BGB, § 745 BGB)

mit **Beispiel:**

Die Rechtsfähigkeit des Menschen beginnt mit der Vollendung der Geburt.

§ 1 BGB (▶ s.a. § 2 BGB, § 1918 Abs. 1, 2 und 3)

Tatbestand und Rechtsfolge in Normen ermitteln

- Bestimmen Sie in den folgenden (z.T. zu Übungszwecken leicht abgeänderten) Normen des GG bzw. des BGB die Voraussetzungen/Bedingungen und die Rechtsfolge.
- Benutzen Sie bei der Formulierung der Voraussetzung die Konjunktion *wenn*.

Übungsfolge 1

Art. 76 Abs. 2 S. 3 GG	Verlangt die Bundesregierung aus wichtigem Grunde eine Fristverlängerung, so beträgt die Frist neun Wochen.
Art. 77 Abs. 2 S. 4 GG	Ist zu einem Gesetze die Zustimmung des Bundesrates erforderlich, so können auch der Bundestag und die Bundesregierung die Einberufung verlangen.
§ 1 BGB	Die Rechtsfähigkeit des Menschen beginnt mit der Vollendung der Geburt.
§ 9 Abs. 1 S. 1 BGB	Ein Soldat hat seinen Wohnsitz am Standort.
§ 745 Abs. 1 S. 1 BGB	Durch Stimmenmehrheit kann eine der Beschaffenheit des gemeinschaftlichen Gegenstands entsprechende ordnungsgemäße Verwaltung und Benutzung beschlossen werden.

Norm	Voraussetzung	Tatbestand
a) Art. 76 Abs. 2 S. 3 GG		
b) Art. 77 Abs. 2 S. 4 GG		
c) § 1 BGB		
d) § 9 Abs. 1 S. 1 BGB		
e) § 745 Abs.1 S.1 BGB		

(Lösung in Anhang 7, Vorlage online)

Übungsfolge 2

Art. 7 Abs. 5 GG	Eine private Volksschule ist nur zuzulassen, wenn die Unterrichtsverwaltung ein besonderes pädagogisches Interesse anerkennt (…).
Art. 12 Abs. 3 GG	Zwangsarbeit ist nur bei einer gerichtlich angeordneten Freiheitsentziehung zulässig.
Art. 13 Abs. 3 GG	Begründen bestimmte Tatsachen den Verdacht, dass jemand eine durch Gesetz einzeln bestimmte besonders schwere Straftat begangen hat, so dürfen zur Verfolgung der Tat auf Grund richterlicher Anordnung technische Mittel zur akustischen Überwachung von Wohnungen, in denen der Beschuldigte sich vermutlich aufhält, eingesetzt werden, wenn die Erforschung des Sachverhalts auf andere Weise unverhältnismäßig erschwert oder aussichtslos wäre.
Art. 34 S. 2 GG	Bei Vorsatz oder grober Fahrlässigkeit bleibt der Rückgriff vorbehalten.

Norm	Voraussetzung	Rechtsfolge
Art. 7 Abs. 5 GG		
Art. 12 Abs. 3 GG		
Art. 13 Abs. 3 GG		
Art. 34 GG		

Tatbestände können auch mit Hilfe folgender Präpositionen ausgedrückt werden:
- *durch*: Art. 79 Abs. 1 GG, Art. 80 Abs. 1 GG
- *mit* oder *soweit*: Art. 77 Abs. 2 und Abs. 3, Art. 80 Abs. 4 GG

Rechtsfolgen können auch mit Hilfe folgender Präposition ausgedrückt werden:
- *zu* + Nomen: Art. 37 Abs. 2 GG, Art. 35 Abs. 2 GG

Übungsfolge 3

Suchen Sie in Art. 76 Abs. 1 und 2 GG drei weitere Normen heraus und bestimmen Sie die jeweiligen Voraussetzungen und deren Rechtsfolge (Vorlage online).

Artikel GG	Voraussetzung	Rechtsfolge

Aussageabsichten

In Normen kann der Gesetzgeber mit Hilfe bestimmter sprachlicher Mittel eine Vielzahl von Aussageabsichten verankern: Erweiterung des Geltungsbereiches, Ausnahmeregelungen, Einschränkungen, Hervorhebungen usw.

Aussageabsicht: Erweiterung des Geltungsbereiches
Der Gesetzgeber kann die Erweiterung des Geltungsbereiches einer Norm durch folgende zusätzliche Formulierungen ausdrücken:

- *Dies gilt auch …* (§ 1901 Abs. 3 S. 2 BGB)
- *Gleiches gilt …* (§ 1901 Abs. 5 S. 2 BGB)

Aussageabsicht: Ausnahmeregelungen
Will der Gesetzgeber eine Ausnahmeregelung von der Norm angeben, so verwendet er folgende sprachliche Signale:

sofern nicht

Beispiel:

> Fällt das Vereinsvermögen nicht an den Fiskus, so muss eine Liquidation stattfinden, sofern nicht über das Vermögen des Vereins das Insolvenzverfahren eröffnet ist

§ 47 BGB (▶ s.a. § 83 S. 1 BGB, § 101 BGB, § 103 BGB)

soweit nicht

Beispiel:

> Jeder hat das Recht auf die freie Entfaltung seiner Persönlichkeit, soweit er nicht die Rechte anderer verletzt und nicht gegen die verfassungsmäßige Ordnung oder das Sittengesetz verstößt.

Art. 2 Abs. 1 GG (▶ s.a. Art. 60 Abs. 1, §§ 25 und 29 BGB)

wenn nicht

Beispiel:

> Als der Sitz der Stiftung gilt, wenn nicht ein anderes bestimmt ist, der Ort, an welchem die Verwaltung geführt wird.

§ 83 S. 3 BGB (▶ s.a. § 126 Abs. 3 BGB)

solange nicht **Beispiel:**

Solange nicht die Parteien sich über alle Punkte eines Vertrags geeinigt haben, (…), ist im Zweifel der Vertrag nicht geschlossen.

§ 154 Abs. 1 S. 1 BGB (▶ s.a. § 264 Abs. 1, 2. HS. BGB, § 415 Abs. 3 BGB, § 491a Abs. 2 S. 2 BGB, § 771 S. 1 BGB, § 790 S. 1 BGB)

es sei denn **Beispiel:**

Ist der Betreuer auf Antrag des Betreuten bestellt, so ist die Betreuung auf dessen Antrag aufzuheben, es sei denn, dass eine Betreuung von Amts wegen erforderlich ist.

§ 1908d Abs. 2 S. 1 BGB (▶ s.a. § 1896 Abs. 1 S. 3 BGB, § 1899 Abs. 3 BGB, § 1901 Abs. 3 S. 2 BGB)

außer **Beispiel:**

Niemand darf zu einer bestimmten Arbeit gezwungen werden, außer im Rahmen einer herkömmlichen allgemeinen, für alle gleichen öffentlichen Dienstleistungspflicht.

Art. 12 Abs. 2 GG

jedoch **Beispiel:**

§ 1804 ist sinngemäß anzuwenden, jedoch kann der Betreuer in Vertretung des Betreuten Gelegenheitsgeschenke auch dann machen, wenn …

§ 1908 Abs. 2 S. 1 BGB (▶ s.a. § 264 Abs. 1, 2. HS. BGB)

Konjunktionen zur Satzumformung verwenden

Formulieren Sie mit Hilfe der vorstehenden Konjunktionen die Ausnahmen kürzer. Es sind unterschiedliche Lösungen möglich.

a) Die schriftliche Form kann durch die elektronische Form ersetzt werden. Eine Ausnahme von dieser Regelung ist dann anzuwenden, wenn sich aus dem Gesetz ein anderes ergibt.

b) Der Schuldner kann sich durch eine der übrigen Leistungen von seiner Verbindlichkeit befreien. Dies gilt jedoch nur bis zu dem Zeitpunkt, an dem der Gläubiger die gewählte Leistung ganz oder teilweise empfangen hat.

c) Soweit mehrere Betreuer mit demselben Aufgabenkreis betraut werden, können sie die Angelegenheiten des Betreuten nur gemeinsam besorgen. Eine Ausnahme von dieser Regelung ist dann gegeben, wenn das Gericht etwas anderes bestimmt hat.

(Lösungen in Anhang 8)

Frei schreiben

Überlegen Sie sich Regelungen, die Robinson für das Zusammenleben mit Freitag geschrieben haben könnte. Drücken Sie auch Ausnahmeregelungen aus. Benutzen Sie dabei die oben angeführten sprachlichen Merkmale.

Wiederholungs- und Kontrollfragen

Beantworten Sie folgende Fragen:

a) Welche drei staatliche Gewalten kennen Sie?
b) Wie ist die Gesetzgebungskompetenz zwischen Bund und Ländern aufgeteilt?
c) Wo finden Sie Regelungen zum Gesetzgebungsverfahren?
d) In welche Teile zerfällt das Gesetzgebungsverfahren auf Bundesebene?
e) In welcher hierarchischen Struktur sind die Rechtsnormen in Deutschland angeordnet?
f) Was ist der Unterschied zwischen Einspruchs- und Zustimmungsgesetz?
g) Wie ist eine juristische Norm aufgebaut?

(Lösungen in Anhang 9)

Vertiefungshinweise

Robbers, G. (2017): *Einführung in das deutsche Recht*, S. 26–28.
Model, O. & Creifelds, C. (2018): *Staatsbürger Taschenbuch*, S. 19; 218–223; 229–254.
Badura, P. (2018): *Staatsrecht*, S. 740 ff.
Altevers, R. (2018): *Basiswissen, Staatsorganisationsrecht*, S. 96 ff.
Wörlen, R. & Metzler-Müller, K. (2016): *BGB AT, mit Einführung in das Recht*, S. 3–5.
Grundgesetz für die Bundesrepublik Deutschland. Herausgeber: Deutscher Bundestag, Referat Öffentlichkeitsarbeit. Berlin 2016.

Anhang 1 Vorwissen abrufen

Legislative	Judikative	Exekutive
gesetzgebend	rechtsprechend	ausführend
(z.B. Parlament)	(z.B. Gerichte)	(z.B. Polizei)

Das Prinzip der Gewaltenteilung findet ihren Ursprung in den Schriften der beiden Staatstheoretiker John Locke (two treatises of Government, auf deutsch übersetzt: zwei Abhandlungen über die Regierung, 1689) und Charles-Louis de Secondat, Baron de la Brède de Montesquieu (De lésprit des Lois, auf deutsch übersetzt: Vom Geist der Gesetze, 1748). John Locke unterschied streng zwischen der gesetzgebenden und der vollziehenden Gewalt. Montesquieu fügte zu diesen beiden Gewalten noch die rechtsprechende Gewalt hinzu. Der Sinn des Gewalteilungprinzips bestand darin, eine Machtkonzentration und Willkür im Absolutismus zu verhindern. Heute gehört die Gewaltenteilung zu jeder modernen Demokratie dazu.

Gewaltenteilung erfordert eine Gesellschaft, die strukturiert ist und in der staatliche Organe verfassungsmäßig mit der Ausübung der Gewalten betraut sind.

Anwendung auf den konkreten Fall: Die Legislative erlässt z.B. ein Gesetz, in dem Diebstahl geregelt wird. Die Exekutive ermittelt, wenn Robinson Freitag wegen Diebstahls anzeigt, und führt dann ein Ermittlungsverfahren durch. Dies geschieht etwa durch die Polizei, die den Fall auch an die Staatsanwaltschaft weiterleiten kann, wenn ein Anfangsverdacht besteht.

Anhang 2 Betreffende Artikel des GG

Grundsätzlich sind die Länder für die Gesetzgebung zuständig (Art. 30, 70 GG), es sei denn, Art. 73 GG oder Art. 74 GG regeln etwas anderes. In Art. 73 GG in Verbindung mit Art. 71 GG wird geregelt, in welchen Fällen der Bund ausschließlich für die Gesetzgebung zuständig ist (sogenannte ausschließliche Gesetzgebung). In Art. 74 GG in Verbindung mit Art. 72 GG wird die sogenannte konkurrierende Gesetzgebung normiert. Es geht dabei um die Frage, in welchen Fällen der Bund bzw. das Land zuständig ist.

Schematische Darstellung:

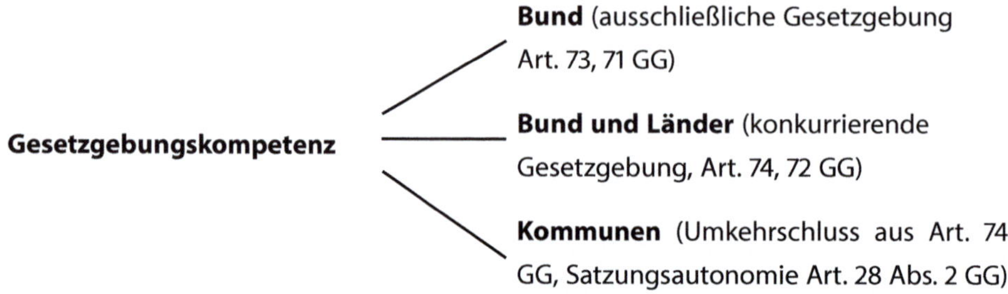

Anhang 3 Zuständigkeiten

Zuständigkeit des Bundes nach Art. 73 GG: Telekommunikationsgesetz, Luftverkehrsgesetz, Waffengesetz, Straßenverkehrsgesetz, Straßenverkehrsordnung
Zuständigkeit der Länder nach Art. 30, 70 GG: Landesbauordnung, Schulgesetz, Schulerlasse, Kommunalrecht
Zuständigkeit der Kommunen: Müllsatzung, Baumschutzsatzung

Anhang 4 Regelung im GG problematisieren

Der Gesetzgeber hat in Art. 80 GG bewusst eine Ausnahme von der Gewaltenteilung geschaffen. Dagegen werden auf der Grundlage des Grundgesetzes keine Einwände vorgebracht, da die Exekutive ausschließlich durch eine Ermächtigung der Legislative gesetzgeberisch tätig werden darf. Beachtet werden müssen dabei die in Art. 80 GG genannten Bedingungen.

Anhang 5 Baumdiagramm zu Rechtsbereichen und Gesetzestypen

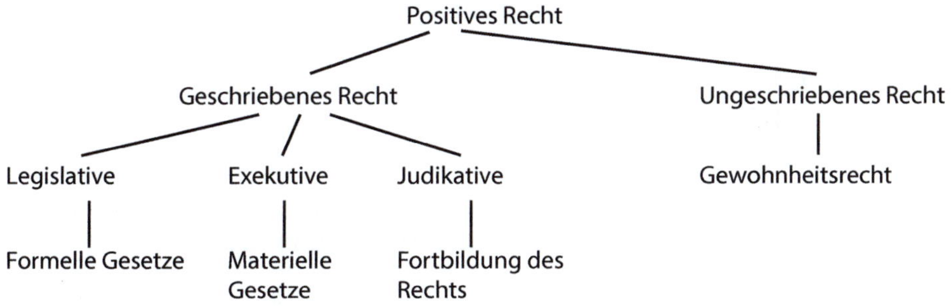

Anhang 6 Begriffe anwenden

zu 1) a) Zustimmungsgesetz b) Einspruchsgesetz

zu 2) a) Zustimmungsgesetz b) Einspruchsgesetz
c) Einspruchsgesetz d) Zustimmungsgesetz
e) Zustimmungsgesetz f) Zustimmungsgesetz

Anhang 7 Lösungen zur Bestimmung von Tatbestand und Rechtsfolge

Norm	Voraussetzung	Rechtsfolge
a) Art. 76 Abs. 2 S. 3 GG	Wenn die Bundesregierung aus wichtigem Grunde eine Fristverlängerung verlangt, …	…, beträgt die Frist neun Wochen.
b) Art. 77 Abs. 2 S. 4 GG	Wenn zu einem Gesetz die Zustimmung des Bundesrates erforderlich ist, …	…, dann können auch der Bundestag und die Bundesregierung die Einberufung verlangen.
c) § 1 BGB	Wenn die Geburt des Menschen vollendet ist, …	… beginnt seine Rechtsfähigkeit.
d) § 9 Abs. 1 S. 1 BGB	Wenn jemand Soldat ist, …	…, so hat derjenige seinen Wohnsitz am Standort.
e) § 745 Abs. 1 S. 1 BGB	…, wenn eine Stimmenmehrheit vorliegt/erreicht wird.	Es kann eine der Beschaffenheit … beschlossen werden, …

Anhang 8 Formulierung von Ausnahmeregelungen

Die Lösungen finden Sie in folgenden Paragraphen:
a) § 126 Abs. 3 BGB
b) § 264 Abs. 1, 2. HS. BGB
c) § 1899 Abs. 3 BGB

Anhang 9 Lösungsvorschläge zu den Wiederholungs- und Kontrollfragen

a) Es gibt folgende drei staatliche Gewalten:
Legislative = gesetzgebende Gewalt
Exekutive = ausführende Gewalt
Judikative = rechtsprechende Gewalt

b) Gesetzgebungskompetenz zwischen Bund und Ländern.
Nach der Systematik des Grundgesetzes ist nach Art. 30 GG die Ausübung der staatlichen Befugnisse und die Erfüllung der staatlichen Aufgaben Sache der Länder, soweit dieses Grundgesetz keine andere Regelung trifft oder zulässt. Nach Art. 70 Abs. 1 GG haben die Länder das Recht der Gesetzgebung, soweit dieses Grundgesetz nicht dem Bunde Gesetzgebungsbefugnisse verleiht.

Art. 73, 71 GG regeln die ausschließliche Gesetzgebung des Bundes.

Art. 74, 72 GG regeln die konkurrierende Gesetzgebung zwischen Bund und Ländern.

c) Regelungen zum Gesetzgebungsverfahren findet man in Art. 76–82 GG.

d) Das Gesetzgebungsverfahren auf Bundesebene zerfällt in das Einleitungsverfahren, Hauptverfahren und Abschlussverfahren.

e) hierarchische Anordnung der Rechtsnormen in Deutschland: s. Normenpyramide auf S. 26.

f) Unterschied zwischen Einspruchs- und Zustimmungsgesetz:
Im Rahmen des Gesetzgebungsverfahrens, insbesondere des Hauptverfahrens ist zwischen Einspruchsgesetzen (Grundsatz) und Zustimmungsgesetzen (Ausnahme) zu unterscheiden. Die Unterscheidung von sogenannten Zustimmungs- und Einspruchsgesetzen ist wichtig für die Art des Zusammenwirkens von Bundestag und Bundesrat im Rahmen des Gesetzgebungsverfahrens. Zustimmungsgesetze

sind nur diejenigen Gesetze, die das Grundgesetz ausdrücklich und abschließend als solche kennzeichnet (Enumerationsprinzip); solche Gesetze erkennt man z.B. an dem Wortlaut „Bundesgesetz, das der Zustimmung des Bundesrates bedarf."

Beispiele: Art. 23 Abs. 1 S. 2, 79 Abs. 2, 85 Abs. 1 S. 1, 2. HS., 104a Abs. 4 GG

Soweit nichts Besonderes geregelt ist, ist das Gesetz ein Gesetz, zu dem die Zustimmung des Bundesrats nicht erforderlich ist (vgl. Art. 77 Abs. 3 GG). Solche Gesetze bezeichnet man als Einspruchsgesetze.

g) Eine juristische Norm setzt sich aus zwei Teilen zusammen, dem Tatbestand und der Rechtsfolge. Der Tatbestand besteht aus Tatbestandsvoraussetzungen bzw. Tatbestandsmerkmalen. Die Rechtsfolge normiert entweder ein Gebot (= etwas aktiv tun) oder ein Verbot (= etwas unterlassen). Zur Feststellung von Tatbestand und Rechtsfolge kann man sich einer Wenn-dann-Konstruktion bedienen.

3. Die Gerichtsbarkeit in Deutschland

In diesem Kapitel lernen Sie ...

fachlich,
- wie die Gerichte in Deutschland aufgebaut sind,
- die ordentliche und die besondere Gerichtsbarkeit zu unterscheiden,
- welche Zuständigkeit die Gerichte haben,
- Teile des Gerichtsverfassungsgesetzes zu verstehen,
- wie der Instanzenzug aussieht und welche Rechtsmittel es gibt.

sprachlich,
- Satzbaupläne anzuwenden,
- Fachbegriffe zu verstehen,
- sprachliche Mittel für Definitionen anzuwenden.

hinsichtlich Methoden und Lernstrategien,
- wie man sich Gesetzestexte erschließen kann,
- juristische Fachwörterbücher zu benutzen,
- wie man Texte visualisieren kann, um sie besser zu verstehen,
- sich ein Thema selbständig zu erarbeiten.

In diesem Kapitel werden Sie den Gerichtsaufbau in Deutschland kennenlernen. Der Schwerpunkt der Darstellung liegt dabei auf der ordentlichen Gerichtsbarkeit (Zivilgerichtsbarkeit). Als Methode, sich Texte zu erschließen, lernen Sie die Visualisierung kennen. Sprachlich wird versucht, Ihnen eine Methode zu vermitteln, einen schwierigen Gesetzestext zu analysieren.

3.1 Der Gerichtsaufbau

Die Gerichtsbarkeit in Deutschland hat folgende Grundstruktur:

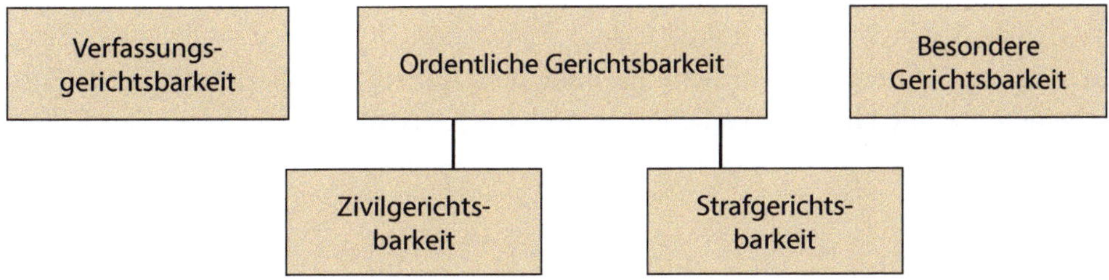

Einen Text zum Gerichtsaufbau hören

Die Gerichtsbarkeit ist komplizierter aufgebaut, als in dem Schema oben dargestellt.

- Hören Sie sich den Vortrag des Dozenten über den weiteren Aufbau an (s.a. Anhang 1), ohne in den Anhang zu schauen.
- Machen Sie sich dabei Notizen.
- Bilden Sie nun eine Gruppe zu drei Personen. Sie erhalten von der Lehrkraft 5 Karten, auf denen die bereits erwähnte Gerichtsbarkeit geschrieben ist. Zusätzlich erhalten Sie ca. 20 leere Karten, auf die Sie pro Karte ein Gericht schreiben. Ordnen Sie die Karten zu einer Übersicht über den Gerichtsaufbau.

(Beispiel s. Anhang 2)

Zuständigkeit der Gerichte ermitteln

In Anhang 2 finden Sie ein Schema über den Aufbau der Gerichtsbarkeit. Entscheiden Sie mit Hilfe dieses Schemas, welches Gericht bei den folgenden Fällen zuständig ist.

Fälle	Zuständiges Gericht
1 Melanie Heidenkötter arbeitet in einem Supermarkt als Filialleiterin und hat einen befristeten Arbeitsvertrag bis zum 30.09.2019. Ihr wird eine befristete Weiterbeschäftigung ab 01.10.2019 in Aussicht gestellt. Nach Auslaufen des Vertrages am 30.09.2019 arbeitet sie mit Billigung des Arbeitgebers weiter. Der neue Vertrag wird ihr aber erst am 10.10.2019 ausgehändigt. Simone Heidenkötter ist der Ansicht, dass sie nun einen Anspruch auf einen unbefristeten Vertrag hat und möchte ihren Anspruch einklagen.	
2 Jan Fietje Willemsen kann sich nicht alleine anziehen. Seine Angehörigen sind der Meinung, dass er dement ist. Nun beanspruchen sie Leistungen aus der Pflegeversicherung, die ihnen aber nicht gewährt werden.	
3 Franz-Josef Obermüller wohnt seit 45 Jahren in einer Mietwohnung in München. Das Haus wird verkauft. Der neue Eigentümer möchte das Haus abreißen, um profitablere Appartements zu bauen. Deshalb kündigt er Herrn Obermüller. Herr Obermüller findet keine neue Wohnung und würde obdachlos werden. Er meint, er hat Anspruch, solange in dem Haus zu bleiben, bis er eine neue Wohnung gefunden hat.	

(Lösungen in Anhang 3)

3.2 Die Zuständigkeit der ordentlichen Gerichte: Sprachliche Analyse des § 13 Abs. 1 GVG

Der Aufbau und die Zuständigkeit der Gerichte sind in mehreren Gesetzen geregelt. So regeln das Grundgesetz (GG) und das Bundesverfassungsgerichtsgesetz (BVerfGG) die Zuständigkeit des Bundesverfassungsgerichtes. Im Gerichtsverfassungsgesetz (GVG) ist die Zuständigkeit der Zivilgerichtsbarkeit (Angelegenheiten zwischen Staat und Bürger) und der Strafgerichtsbarkeit (Angelegenheiten des Bürgers und des Staates) geregelt.

Im Folgenden soll an einem Beispiel gezeigt werden, wie man sich sprachlich einen Gesetzestext erschließen kann. Als Beispiel dient der schwer zu verstehende § 13 Abs. 1 GVG, der für das Verständnis des Gerichtsaufbaus wichtig ist.

Leseverstehen

Lesen Sie den folgenden Paragraphen des Gerichtsverfassungsgesetzes (GVG).

§ 13 Abs. 1 GVG

> Vor die ordentlichen Gerichte gehören die bürgerlichen Rechtsstreitigkeiten, die Familiensachen und die Angelegenheiten der freiwilligen Gerichtsbarkeit (Zivilsachen) sowie die Strafsachen, für die nicht entweder die Zuständigkeit von Verwaltungsbehörden oder Verwaltungsgerichten begründet ist oder auf Grund von Vorschriften des Bundesrechts besondere Gerichte bestellt oder zugelassen sind.

Dieser Satz ist typisch für die komplizierte Schreibweise, in der ein Gesetzestext verfasst sein kann.
Vergewissern Sie sich zunächst, welche sprachlichen Probleme Sie mit dem Satz haben.

Reflexion des eigenen Vorgehens

Beschreiben Sie, in welchen Schritten Sie vorgehen, um den Satz zu verstehen.

Reflexion des eigenen Verständnisses

Mir unverständliche Begriffe:	....	....
	....	....
Mir unbekannte Verben:	....	....
Größere Satzteile, die ich nicht verstehe:	....	....
	....	....

Bei Gesetzestexten ist es wichtig, den Inhalt nicht nur ungefähr zu verstehen. Jedes Wort des Textes ist von Bedeutung. In einem ersten Schritt geht es darum, ein Verständnis der Satzstruktur zu gewinnen, falls diese ein Problem darstellt.

Satzanalyse in mehreren Schritten

Der Inhalt des Paragraphen soll in mehreren Schritten erschlossen werden. Zunächst geht es nur darum, die Grobstruktur des Satzes zu verstehen. In einem zweiten Schritt soll dann der Inhalt des Haupt- und Nebensatzes erschlossen werden.

1. Schritt: Grobanalyse der Satzstruktur

Der Satz besteht aus einem Hauptsatz, zu erkennen an der 2. Position des Verbs, und einem Nebensatz, in dem die Verben am Ende stehen. Die Art des Nebensatzes erkennt man an den Signalwörtern (Konjunktionen, Relativpronomen, …). Tragen Sie zunächst die fehlenden Satzteile in die vorgegebene Struktur ein.

Struktur des Hauptsatzes (Verb an zweiter Position)

I	II (Verb)	III (Aufzählung)
....	*gehören*	– ....
		– die Familiensachen *und*
		– .... sowie
		– ....

An den Hauptsatz schließt sich ein Nebensatz an, zu erkennen an der Endstellung des Verbs.

Struktur des Nebensatzes (Endstellung des Verbs)

Es gibt unterschiedliche Arten von Nebensätzen (z.B. Temporal-, Kausalsätze usw.). Die Art des Nebensatzes erkennen Sie an den Signalwörtern (z.B. *nachdem, weil* usw.).

Die Signalwörter in § 13 Abs. 1 GVG: ____________________

Die Art des Nebensatzes: ____________________

Verneinung	Alternative	Verb-Endstellung
nicht	*entweder*	*begründet ist*
	oder	*bestellt oder zugelassen sind*

Zwischenergebnis 1:
§ 13 Abs. 1 GVG besteht aus einem Hauptsatz und einem Relativsatz. Im Hauptsatz besteht das Subjekt (Nominativ) aus einer Reihe von Aufzählungen. Der Relativsatz wird durch eine Negation eingeleitet, nach der die Signalwörter *entweder … oder* folgen, die eine Alternative ausdrücken.

2. Schritt: Inhaltliche Analyse des Hauptsatzes

Exkurs: Satzbaupläne

Der Inhalt eines Satzes erschließt sich leichter, indem man zunächst das Verb betrachtet. Jedes Verb erfordert im Deutschen bestimmte Satzteile, die verpflichtend vorkommen müssen. Diese obligatorischen Satzteile ergeben zusammen mit dem Verb den **Satzbauplan**. Die Elemente des Satzbauplanes (im Folgenden **fett** gedruckt) ergeben den inhaltlichen Kern eines Satzes. Versuchen Sie zunächst, den Kern zu verstehen (Satzbauplan) und dann den Rest des Satzes.

Ein Beispiel für das Verb *sehen*:

sehen + Nominativ + Akkusativ (= jemanden oder etwas sehen)
Sie hat eine Handtasche gesehen. **Sie hat** gestern auf einem Spaziergang mit ihrer Freundin in einem Geschäft in der Innenstadt **eine** schöne, aber leider zu teure **Handtasche gesehen.**

In einem Wörterbuch DaF finden Sie allerdings folgenden alternativen Satzbauplan für *sehen*:

sehen + Nominativ + Adverb (= irgendwie sehen)
Er kann gut sehen. **Er kann** mit der neuen Brille aus dem Kaufhaus **gut sehen.**

Hat ein Verb unterschiedliche Satzbaupläne, hat es oft auch unterschiedliche Bedeutungen. In Wörterbüchern für Deutsch als Fremdsprache sind für jedes Verb der Satzbauplan/die Satzbaupläne angegeben.

Satzbaupläne bestimmen

Bestimmen Sie mit Hilfe eines Wörterbuchs DaF zwei mögliche Satzbaupläne des Verbs *gehören* und schreiben Sie einen Beispielsatz.

Variante 1

gehören + Nominativ +

Variante 2

gehören + Nominativ +

Zwischenergebnis 2:
Das Verb *gehören* kann mit einer Ortsangabe stehen (wohin? Mit Akkusativ), die durch unterschiedliche Präpositionen realisiert werden können. In § 13 Abs. 1 GVG wird die Präposition *vor* (die ordentlichen Gerichte) verwendet.

Die Aufzählungen
In dem Hauptsatz gibt es vier Aufzählungen.

Signalwörter bei Aufzählungen unterscheiden

- Erklären Sie, warum bei den ersten drei Aufzählungen *und* benutzt wird, die vierte Aufzählung aber mit *sowie* verbunden ist.

(Lösung in Anhang 4)

Hinweis: Es gibt verschiedene Möglichkeiten, Aufzählungen zu signalisieren, z.B.

- Kommas
- und, sowie, zusätzlich, außerdem
- Aufzählungszeichen, z.B. Spiegelstriche: –
- Buchstaben: a) b) c) … (s. § 23 GVG)
- Nummerierungen: 1. / 2. / 3. … (s. § 23 GVG)

3. Schritt: Inhaltliche Analyse des Nebensatzes

Bei der Analyse des Nebensatzes soll nur die Grundstruktur betrachtet werden. Auffällig ist die Negation am Anfang des Nebensatzes, und es stellt sich die Frage, was in dem Satz verneint ist.

Verneinungen von Satzteilen verstehen
Tragen Sie in die folgende Tabelle ein, welche Teile des Satzes aus § 13 Abs. 1 GVG in den folgenden Beispielen verneint werden. Setzen Sie um die verneinten Satzteile eine Klammer.

Satz	Verneinte Satzteile
…, für die entweder nicht die Zuständigkeit von Verwaltungsbehörden begründet ist …	
…, für die nicht entweder die Zuständigkeit von Verwaltungsbehörden begründet ist …	
…, für die entweder die Zuständigkeit von Verwaltungsbehörden nicht begründet ist …	
…, für die entweder die Zuständigkeit nicht von Verwaltungsbehörden begründet ist …	

Bei der Grobanalyse konnten Sie bereits sehen, dass in dem Gesetzestext der gesamte Nebensatz verneint ist.

Zwischenergebnis 3:
Vor die ordentlichen Gerichte gehören nur die Strafsachen, für die nicht etwas anderes (entweder… oder) vorgesehen ist.
oder:
Wenn etwas anderes für Strafsachen vorgesehen ist, dann sind die ordentlichen Gerichte nicht zuständig.

Satzteile analysieren

Erläutern Sie, ob bzw. inwiefern sich die beiden folgenden Satzfragmente unterscheiden:

1) …, für die **nicht entweder** die Zuständigkeit von Verwaltungsbehörden oder Verwaltungsgerichten begründet ist **oder** auf Grund von …

2) …, für die **weder** die Zuständigkeit von Verwaltungsbehörden oder Verwaltungsgerichten begründet ist **noch** auf Grund von …

3) …, für die **nicht** die Zuständigkeit von Verwaltungsbehörden oder Verwaltungsgerichten begründet ist und **auch nicht** auf Grund von …

Verständnis von § 13 GVG überprüfen

1 Aussagen auf ihre Richtigkeit überprüfen

Welche Aussagen sind nach § 13 GVG richtig, welche falsch?	**r**	**f**
a) Für Strafsachen sind grundsätzlich Verwaltungsbehörden zuständig.		
b) Für Strafsachen sind in der Regel Verwaltungsgerichte zuständig, unter bestimmten Bedingungen sind aber die ordentlichen Gerichte zuständig.		
c) Für die Strafsachen sind weder Verwaltungsbehörden noch Verwaltungsgerichte zuständig.		
d) Für die Strafsachen sind nur Verwaltungsbehörden, aber keine Verwaltungsgerichte zuständig.		
e) Für die Strafsachen sind Verwaltungsgerichte zuständig oder Verwaltungsbehörden.		
f) Für die Strafsachen sind keine Amtsgerichte zuständig.		
g) Die ordentlichen Gerichte sind für Strafsachen nicht zuständig, wenn nach Bundesrecht ein besonderes Gericht bestellt ist.		
h) Die ordentlichen Gerichte sind für Strafsachen nicht zuständig, wenn die Zuständigkeit von Verwaltungsgerichten begründet ist.		
i) Die ordentlichen Gerichte sind für Strafsachen auch dann zuständig, wenn die Zuständigkeit von Verwaltungsbehörden oder Verwaltungsgerichten begründet ist.		

2 Gesetzestext paraphrasieren

Formulieren Sie nun § 13 Abs. 1 GVG in **einfachen** Sätzen (keine Nebensätze) und für einen Laien verständlich.

(Formulierungsvorschlag in Anhang 5)

§ 13 GVG anwenden

Ermitteln Sie mit Hilfe des § 13 Abs. 1 GVG, welches Gericht in den folgenden Fällen jeweils zuständig ist.

Fälle	Zuständiges Gericht
1 Die Nachbarn Huber und Auer leben seit Jahren in ständigem Streit. Huber möchte, dass Auer die Äste seines Baumes abschneidet, weil sie immer wieder auf Hubers Grundstück ragen und von ihnen Laub auf Hubers Grundstück fällt. Eine Schlichtung war erfolglos.	
2 Die Polizei bemerkt, wie der Hehler Schulte gestohlene Ware auf einem Wochenmarkt in Münster weiterverkauft.	
3 Der verbeamtete Polizist Hillebrand möchte auf eine andere Dienststelle versetzt werden, da er eine Arbeit in der Nähe seiner Familie haben möchte. Sein Dienstvorgesetzter lehnt den Antrag auf Versetzung ab.	
4 Elke Tollkötter sitzt an der Kasse eines Supermarktes. Sie wird beschuldigt, 20 ct aus der Kasse genommen zu haben. Sie soll deswegen entlassen werden. Frau Tollkötter will sich wehren.	

(Lösungen in Anhang 6)

Im folgenden Unterkapitel soll ein Gericht aus der Zivilgerichtsbarkeit (Amtsgericht) genauer behandelt werden.

3.3 Die Zuständigkeit der Amtsgerichte (Zivilgerichtsbarkeit)

Die Amtsgerichte stellen die untere Instanz der ordentlichen Gerichtsbarkeit dar (s. Anhang 2). Grundsätzlich steht ihnen ein Einzelrichter vor. Die Zuständigkeit des Amtsgerichtes ist in §§ 23 ff. GVG und in den §§ 689 und 764 ZPO geregelt.

Leseverstehen

Lesen Sie den folgenden Gesetzestext. Unterstreichen Sie die Teile, die Sie nicht verstehen.

§ 23 GVG

Die Zuständigkeit der Amtsgerichte umfasst in bürgerlichen Rechtsstreitigkeiten, soweit sie nicht ohne Rücksicht auf den Wert des Streitgegenstandes den Landgerichten zugewiesen sind:

1. Streitigkeiten über Ansprüche, deren Gegenstand an Geld oder Geldeswert die Summe von fünftausend Euro nicht übersteigt;
2. ohne Rücksicht auf den Wert des Streitgegenstandes;
   a. Streitigkeiten über Ansprüche aus einem Mietverhältnis über Wohnraum oder über den Bestand eines solchen Mietverhältnisses; diese Zuständigkeit ist ausschließlich;
   b. Streitigkeiten zwischen Reisenden und Wirten, Fuhrleuten, Schiffern oder Auswanderungsexpedienten in den Einschiffungshäfen, die über Wirtszechen, Fuhrlohn, Überfahrtsgelder, Beförderung der Reisenden und ihrer Habe und über Verlust und Beschädigung der letzteren, sowie Streitigkeiten zwischen Reisenden und Handwerkern, die aus Anlass der Reise entstanden sind;
   c. …

Abstrakte Rechtsbegriffe verstehen und definieren

In dem oben stehenden Gesetzestext wird eine Reihe von zusammengesetzten Substantiven verwendet:

- Auswanderungsexpedienten
- Einschiffungshäfen
- Wirtszechen
- Überfahrtsgelder
- Fuhrlohn

Bei diesen Rechtsbegriffen handelt es sich um abstrakte Rechtsbegriffe, die auf konkrete Fälle angewendet werden müssen.

Begriffe veranschaulichen

Suchen Sie für die aufgeführten Begriffe konkrete Beispiele.

Definitionen verfassen und Begriffe umschreiben

Juristische Texte enthalten häufig Begriffe, die zwar im Alltag auch verwendet werden, aber in der juristischen Fachsprache eine eigene Bedeutung haben. Es ist daher hilfreich, oft auch unerlässlich, Fachwörterbücher zu benutzen.

▶ **Hinweis:** Gebräuchliche juristische Fachwörterbücher:
- Köbler, G. (2018): Juristisches Wörterbuch.
- Creifelds, C. & Weber, K. (2017): Rechtswörterbuch.

Sie können bei Definitionen und Wortumschreibungen folgende Redemittel benutzen:

Redemittel für die Umschreibung/Definition von Begriffen
• unter dem Begriff *Ansprüche* versteht man/... wird ... verstanden • der Begriff *Ansprüche* ist bei ... so definiert • ein Anspruch ist ... • der Begriff *Anspruch* bezeichnet/umfasst/beinhaltet ... • ein Anspruch liegt immer dann vor, wenn ...

Redemittel für die Abgrenzung zu anderen Begriffen
Norm und Verwaltungsvorschrift bedeuten nur teilweise dasselbe. • Gemeinsam ist ihnen, dass ... • Unterschiedlich ist ... • Der Unterschied zwischen Norm und Verwaltungsvorschrift besteht darin, dass ... • Während eine Norm ... beinhaltet, hat eine Verwaltungsvorschrift folgenden Schwerpunkt:

Sprachliche Analyse von § 23 GVG

Begriffe umschreiben

Umschreiben Sie folgende juristische Begriffe und veranschaulichen Sie Ihre Umschreibung mit Beispielen. Benutzen Sie, wenn es sinnvoll ist, ein Wörterbuch, aber schreiben Sie in Ihrer eigenen Sprache.

a) Geldeswert eines Gegenstandes
b) Ansprüche
c) Bestand eines Mietverhältnisses
d) bürgerliche Rechtsstreitigkeiten
e) ausschließlich sein

Signalwort erläutern

Im ersten Satz des Gesetzestextes stehen die Signalwörter *soweit nicht.* Erläutern Sie, welche Intention der Gesetzgeber mit diesen Wörtern verfolgt (s.a. Kapitel 2).

(Lösungsvorschlag in Anhang 7)

Verständnis vertiefen

Beantworten Sie die folgenden Fragen:
Warum kann man in § 23 GVG den Ausdruck „*in bürgerlichen Rechtsstreitigkeiten*" nicht weglassen?
Wofür ist das Amtsgericht nicht zuständig? Stellen Sie Vermutungen an.

(Lösung in Anhang 8)

Visualisierung als Methode der Analyse des § 23 GVG

Im Folgenden wird die Methode der Visualisierung vorgestellt (s.a. Kapitel 1). Sie kann dazu dienen, die inhaltliche Struktur dieses Paragraphen besser zu verstehen.

Mind Map bearbeiten

Tragen Sie den Inhalt von § 23 GVG in das folgende Schema ein (Vorlage online).

§ 23 GVG: Zuständigkeit der Amtsgerichte in bürgerlichen Rechtsstreitigkeiten

Zuständigkeit der Amtsgerichte:

1. Streitgegenstand: ____________________
   Bedingung: Wert kleiner als 5000 €

2. Bedingung: ____________________
   a) beteiligte Personen: __________ und __________

      Streitgegenstände: ____________________

      oder

      ____

   b) beteiligte Personen: __________ und __________

      ____

      ____

      oder

      ____

      Streitgegenstände: ____________________

      und

      ____

      weitere beteiligte Personen: __________ und __________

      Streitgrund: ____________________

Einschränkung der Zuständigkeit der Amtsgerichte (soweit … nicht):

____

Visualisierungen können individuell sehr unterschiedlich aussehen. In Anhang 9 finden Sie als Beispiel eine alternative Visualisierung zu dem Gesetzestext.

Signalwörter erklären

Erklären Sie, warum an den jeweiligen Stellen im Gesetz *und*, *oder* bzw. *sowie* steht.

Gesetzestext erläutern

Bilden Sie Zweiergruppen und erläutern Sie Ihrem Partner mit eigenen Worten den Inhalt dieses Gesetzes. Benutzen Sie dazu eines der beiden Mind Maps. Ein möglicher sprachlicher Schwerpunkt können dabei orientierende Sätze sein:

- *Das Gesetz regelt …*
- *Die Zuständigkeit ist an zwei Bedingungen geknüpft*
- …

Gesetzestexte visualisieren

Visualisieren Sie folgende Gesetzestexte:
§ 26 Abs. 1 GVG
§ 26 Abs. 2 GVG

§ 23 GVG anwenden

Überlegen Sie, welches Gericht in den folgenden Fällen zuständig ist:

Fälle	Zuständiges Gericht
1 Karins Ehemann Friedrich ist Sportfanatiker und redet nur über Fußball. Das langweilt Karin. Sie hat sich deshalb auf einen Liebhaber eingelassen, ihren Mann und ihre Kinder verlassen und möchte sich nun von ihrem Ehemann scheiden lassen.	
2 Friedrich hat vor kurzem erst seine Führerscheinprüfung bestanden. Gleich bei seiner ersten Fahrt stößt er gegen einen Porsche. Es entsteht am Spoiler und den Alu-Radkappen ein Sachschaden in Höhe von 6000 €. Friedrich verweigert die Zahlung, da ihn an dem Unfall keine Schuld treffe.	
3 Friedrich musste den Schaden am Porsche bezahlen und ist nun pleite. Monatelang bezahlt er nicht die vereinbarte Miete aus dem Mietvertrag. Der Vermieter Heribert Brennig möchte aber seine Miete bekommen und leitet juristische Schritte ein.	

4 Friedrichs Situation wird immer schwieriger, weil seine kleinen Kinder nicht alleine zu Hause bleiben möchten. Friedrich möchte deshalb halbtags arbeiten, um sich am Nachmittag um seine Kinder kümmern zu können. Seine Behörde verweigert ihm aber die Halbtagstätigkeit.	
5 Friedrich arbeitet inzwischen halbtags, aber er ist verzweifelt, weil er nun zu wenig verdient. Er meint, dass sein Steuerbescheid falsch ist und er zu viel Steuern bezahlen soll. Ein Beschwerdebrief an das Finanzamt bringt keinen Erfolg.	

(Lösungen in Anhang 10)

Der Anwendungsbereich von Gesetzen

Gesetze im deutschen Rechtssystem sind so formuliert, dass sie für eine Vielzahl von Fällen gelten. Die Formulierungen sind aus diesem Grund abstrakt und auch für Muttersprachler schwer zu verstehen. In allen Kapiteln gibt es deshalb immer wieder sprachliche Übungen, die Ihnen beim Verstehen der Gesetzestexte helfen sollen. Gleichzeitig müssen Sie aber auch lernen zu verstehen, auf welche Fälle sich ein Gesetzestext bezieht.

Schreiben

Um diesen Zusammenhang zwischen einem abstrakt formulierten Gesetz und den konkreten Fällen zu üben, konstruieren Sie bitte schriftlich mit einem Partner zusammen Fälle, für die die Amtsgerichte zuständig sind.

Wiederholungs- und Kontrollfragen

Beantworten Sie folgende Fragen:

1. Wie sieht der Gerichtsaufbau in Deutschland aus? Fertigen Sie eine Skizze an.
2. Woher stammt der Begriff ordentliche Gerichtsbarkeit?
3. Was gehört § 13 Abs. 1 GVG vor die ordentlichen Gerichte?
4. In welchen Schritten erfolgt eine Satzanalyse?
5. Was regelt § 23 GVG?
6. Wonach richtet sich die Zuständigkeit für das Amtsgericht in Deutschland?
7. Was ist der Unterschied zwischen Berufung und Revision?

(Lösungen in Anhang 11)

Vertiefungshinweise

Wörlen, R. & Metzler-Müller, K. (2016): *BGB AT, mit Einführung in das Recht*, S. 16–19.
Robbers, G. (2017): *Einführung in das deutsche Recht*, S. 29–32.
Kühl, K. & Reichold, H. & Ronellenfitsch, M. (2015): *Einführung in die Rechtswissenschaft: Ein Studienbuch*, S. 56–60.

Anhang 1 Der Gerichtsaufbau in Deutschland[1]

Die Gerichtsbarkeit in Deutschland fußt auf drei Säulen.
Zu der ersten Säule gehört die Verfassungsgerichtsbarkeit. Sie umfasst das Bundesverfassungsgericht und die Verfassungsgerichte der jeweiligen Bundesländer.

Die zweite Säule besteht aus der Ordentlichen Gerichtsbarkeit. Dazu gehören wiederum zwei Gerichtsbarkeiten, die man getrennt voneinander betrachten muss: die Zivilgerichtsbarkeit und die Strafgerichtsbarkeit. Den Aufbau dieser beiden Gerichtsbarkeiten innerhalb der ordentlichen Gerichtsbarkeit nennt man Instanzenzug.

Der Instanzenzug sowohl der Zivilgerichtsbarkeit als auch der Strafgerichtsbarkeit ist 4-stufig aufgebaut. Auf der untersten Stufe befindet sich das Amtsgericht, dann folgt das Landgericht, darauf das Oberlandesgericht und auf der 4. Stufe, auf der Bundesebene, ist der Bundesgerichtshof angesiedelt.

Betrachten wir einmal den Bereich des Zivilrechts. Hier gibt es die Besonderheit, dass am Anfang des Rechtszuges, also auf der ersten Stufe, zwei unterschiedliche Gerichte zuständig sein können, abhängig vom Streitwert der Sache, um den verhandelt werden soll. Liegt der Streitwert einer Sache unterhalb von 5000,00 € gem. §§ 13, 23 Nr. 1 GVG, dann befasst sich i.d.R. das Amtsgericht und hier der Einzelrichter mit dieser Rechtsstreitigkeit. Liegt dagegen der Streitwert über 5000,00 €, dann ist das Gericht auf der zweiten Stufe, das Landgericht mit seinen Zivilkammern zuständig.

Verstanden? Nein? Na gut, dann lassen Sie uns ein Beispiel betrachten. Herr Meier hatte einen Streit mit seinem Nachbarn wegen einer Mauer, die er abreißen sollte. Der Streitwert betrug 2500,00 €. Stellen wir uns Herrn Meier als einen Mann vor, der seinen Prozess verloren hat. Er fühlt sich ungerecht behandelt, er ist wütend und verärgert über das Urteil des Amtsgerichts und möchte es von einem höheren Gericht überprüfen lassen. Er legt deshalb gegen das Urteil Rechtsmittel ein, was bedeutet, dass er in Berufung geht. Dazu muss er in die 2. Instanz gehen. Das zuständige Gericht auf der zweiten Stufe ist das Landgericht, das sich mit Berufungssachen befasst oder, wie Sie eben schon gehört haben, mit Streitsachen, die einen Streitwert von über 5000,00 € haben.

1 Vereinfachte Darstellung.

Möglich ist aber auch, gegen ein Urteil des Amtsgerichts eine sogenannte Sprungrevision zum Bundesgerichtshof einzulegen, der sich auf der vierten, also auf der obersten Stufe befindet. Bei einer Sprungrevision besteht die Möglichkeit, mehrere Instanzen zu überspringen, was aber nur in den vom Gesetz bestimmten Fällen möglich ist.

Legt man gegen ein Urteil des Landgerichts Rechtsmittel, also z.B. Berufung ein, dann geht die Streitigkeit zunächst auf die dritte Stufe, nämlich an das Oberlandesgericht. Das Oberlandesgericht wird in diesem Fall Berufungsgericht. Dort sind Zivilsenate tätig. Gegen ein Urteil des Oberlandesgerichts kann ich nur noch Revision beim Bundesgerichtshof, was auch in Zivilsenate eingeteilt ist, einlegen. Gegen ein Urteil des Landgerichts besteht auch die Möglichkeit der Einlegung einer Sprungrevision zum Bundesgerichtshof.

Bei einer Berufungseinlegung befasst sich das Gericht nächster Instanz mit allen Rechts- und Tatsachenfragen des Urteils des Ausgangsgerichts. Bei der Revisionseinlegung wird das Urteil nur noch hinsichtlich von Rechtsfragen überprüft.

Verlassen wir nun die Zivilgerichtsbarkeit und kommen innerhalb der Ordentlichen Gerichtsbarkeit, die ja die zweite Säule darstellt, zum zweiten Bereich, der Strafgerichtsbarkeit. Bei einer Rechtsstreitigkeit im Bereich des Strafrechts haben wir ebenso wie bei der Zivilgerichtsbarkeit einen 4-stufigen Instanzenzug. Streitigkeiten aus dem Bereich des Strafrechts werden entweder vor dem Strafrichter bzw. Schöffengericht beim Amtsgericht verhandelt oder vor den Strafkammern beim Landgericht. Gegen ein Urteil eines Amtsgerichts kann man Berufung beim Landgericht einlegen oder Sprungrevision zum Oberlandesgericht. Möchte man einem Urteil des Landgerichts (kleine Strafkammer oder große Strafkammer, Schwurgericht) widersprechen, kann man je nachdem, ob das Landgericht in 2. oder in 1. Instanz tätig wird entweder Revision beim Oberlandesgericht oder beim Bundesgerichtshof einlegen.

Betrachten wir nun die letzte der drei Säulen der Gerichtsbarkeit in Deutschland. Sie besteht aus der sogenannten besonderen Gerichtsbarkeit, zu der die Verwaltungsgerichtsbarkeit, die Finanzgerichtsbarkeit, die Sozialgerichtsbarkeit und die Arbeitsgerichtsbarkeit gehören. Diese Gerichtsbarkeiten sind grundsätzlich 3-stufig aufgebaut, mit Ausnahme der Finanzgerichtsbarkeit, die einen 2-stufigen Aufbau hat. Zu der Verwaltungsgerichtsbarkeit gehören das Verwaltungsgericht auf der untersten Stufe, das Oberverwaltungsgericht bzw. der Verwaltungsgerichtshof und das Bundesverwaltungsgericht. Zu der Sozialgerichtsbarkeit zählen das Sozialgericht, das Landessozialgericht und das Bundessozialgericht. Zu der Gerichtsbarkeit in Arbeitssachen gehören das Arbeitsgericht, das Landesarbeitsgericht und das Bundesarbeitsgericht. Zu der Finanzgerichtsbarkeit werden das Finanzgericht und der Bundesfinanzhof gezählt. Bei allen diesen 4 verschiedenen Gerichtsbarkeiten besteht die Möglichkeit, Berufung oder Revision als Rechtsmittel einzulegen.

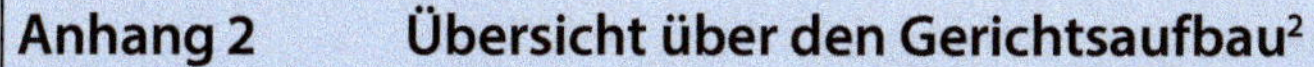

Anhang 2 Übersicht über den Gerichtsaufbau[2]

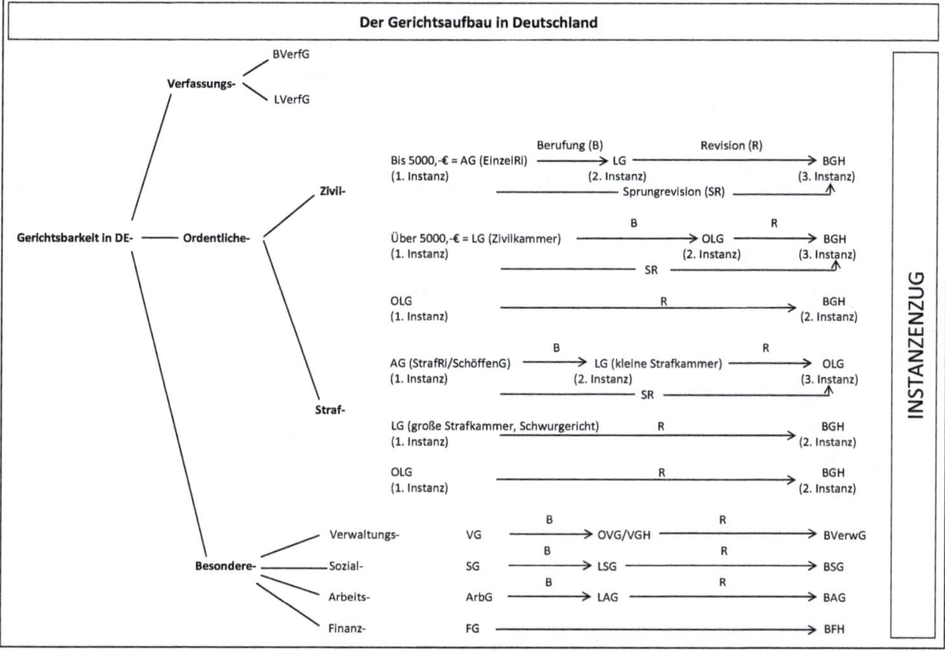

Anhang 3 Lösungen zur Übung: Zuständigkeit der Gerichte

Fall 1: Arbeitsgericht
Fall 2: Sozialgericht
Fall 3: Hier muss man zwei mögliche Rechtsfälle unterscheiden.

1. Zivilrechtliche Belange, die den Hausverkauf und die damit zusammenhängende Kündigung betreffen. Zuständig ist ein Amtsgericht.
2. Die drohende Obdachlosigkeit von Herrn Obermüller kann die Ordnungsbehörde dazu veranlassen, Herrn Obermüller wieder in die Wohnung einzuweisen. Hier handelt es sich um Öffentliches Recht, zuständig ist ein Verwaltungsgericht.

Anhang 4 Signalwörter

Das Signalwort *und* verbindet die 3 Zivilsachen. *Sowie* verbindet Zivil- und Strafsachen. Dadurch wird auch erklärbar, dass sich das anschließende Relativpronomen *für die* ausschließlich auf Strafsachen bezieht.

2 Vereinfachte Darstellung.

Anhang 5 Formulierungsvorschlag § 13 Abs. 1 GVG

In § 13 GVG geht es um die Zuständigkeit der ordentlichen Gerichte. Vor ihnen werden vier unterschiedliche Arten von Rechtsstreitigkeiten verhandelt:

1. die bürgerlichen Rechtsstreitigkeiten
2. die Familiensachen
3. die Angelegenheiten der freiwilligen Gerichtsbarkeit.

Bei diesen drei Arten handelt es sich um Zivilsachen. Die vierte Art von Rechtsstreitigkeiten betrifft Strafsachen, aber nur dann, wenn die folgenden vier Bedingungen erfüllt sind:

- es sind keine Verwaltungsbehörden zuständig,
- es sind keine Verwaltungsgerichte zuständig,
- es sind keine besonderen Gerichte auf Grund von Vorschriften des Bundesrechts bestellt,
- es sind keine besonderen Gerichte auf Grund von Vorschriften des Bundesrechts zugelassen.

Anhang 6 Lösung zur Übung: § 13 Abs. 1 GVG

Zu 1) ordentliches Gericht, Amtsgericht (Zivilsachen)
Zu 2) ordentliches Gericht, Amtsgericht (Strafsachen)
Zu 3) Verwaltungsgericht
Zu 4) Arbeitsgericht

Anhang 7 Erläuterung der Signalwörter soweit nicht

Soweit (nicht) hat sehr viele Bedeutungen. In dem vorliegenden Kontext ist eine Einschränkung gemeint im Sinne einer Bedingung, die erfüllt sein muss. Durch die Negation wird die Bedingung zu einer ausschließenden Bedingung, die erfüllt sein muss, damit die Rechtsfolge eintritt.

Zum besseren Verständnis könnte man auch *wenn nicht* benutzen: Die Amtsgerichte sind bei bürgerlichen Rechtsstreitigkeiten immer dann zuständig, wenn diese nicht den Landgerichten zugewiesen sind.

Anhang 8 Verständnis vertiefen

Zu 1) Amtsgerichte sind auch für Strafsachen zuständig.
Zu 2) Amtsgerichte sind nicht zuständig für Streitigkeiten auf dem Gebiet des Öffentlichen Rechts (z.B. Steuerrecht, Sozialrecht).

Anhang 9 Alternatives Mind Map zu § 23 GVG

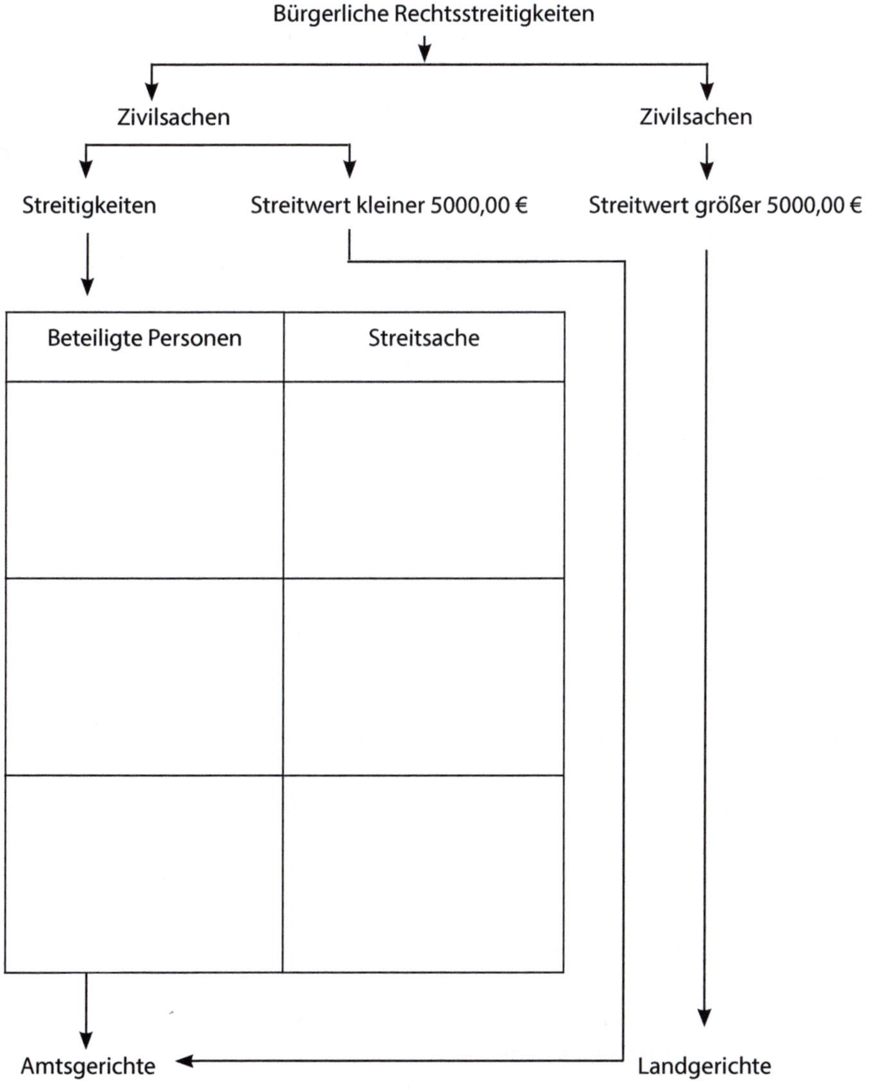

Anhang 10 Lösungen zur Übung: Zuständigkeit der Gerichte

Beispiel 1) Familiengericht, als Sonderabteilung des Amtsgerichts, da es sich hier um eine Streitigkeit aus dem Bereich des Familienrechts handelt, insbesondere geht es hier um Scheidungsrecht.

Beispiel 2) Landgericht, da der Streitwert über 5.000,00 € liegt.

Beispiel 3) Amtsgericht, da es sich hier um eine Mietstreitigkeit handelt.

Beispiel 4) Verwaltungsgericht, da es sich hier um eine Streitigkeit aus dem Bereich des Verwaltungsrechts und Beamtenrechts handelt.

Beispiel 5) Finanzgericht, da es sich hier um Streitigkeit aus dem Bereich des Steuerrechts handelt.

Anhang 11 Lösungen zu den Wiederholungs- und Kontrollfragen

Zu Frage 1) S. Skizze in Anhang 2.

Zu Frage 2) Der Begriff *ordentlich* ist historisch bedingt und wurde im 17. Jahrhundert gebraucht, als nur die Zivil- und Strafgerichte mit unabhängigen Richtern besetzt waren und im Gegensatz dazu die Verwaltungsgerichtsbarkeit zu den Verwaltungsbehörden gehörte. Die Verwaltungsgerichte waren deshalb nicht mit unabhängigen Richtern besetzt, sondern mit Beamten. Heutzutage gibt es diese Unterscheidung zwischen ordentlicher und außerordentlicher Gerichtsbarkeit nicht mehr aufgrund von Art. 92, Art. 97 GG, wo jede Rechtsprechung mit persönlichen und abhängigen Richtern besetzt ist. Der Begriff *ordentlich* ist dennoch beibehalten worden.

Zu Frage 3) Nach § 13 Abs. 1 GVG gehören vor die ordentliche Gerichte die bürgerlichen Rechtsstreitigkeiten, die Familiensachen und die Angelegenheiten der freiwilligen Gerichtsbarkeit und die Strafsachen.

Zu Frage 4) Schrittfolge bei einer Satzanalyse:
1. Schritt: Grobanalyse der Satzstruktur
2. Schritt: Feinanalyse des Hauptsatzes
3. Schritt: Analyse des Nebensatzes

Zu Frage 5) § 23 GVG regelt die Zuständigkeit der Amtsgerichte abhängig bzw. unabhängig vom Streitwert.

Zu Frage 6) Die Zuständigkeit für das Amtsgericht in Strafsachen richtet sich nach §§ 24, 25 GVG.

Zu Frage 7) Bei einer Berufungseinlegung befasst sich das Gericht nächster Instanz mit allen Rechts- und Tatsachenfragen des Urteils des Ausgangsgerichts. Bei der Revisionseinlegung wird das Urteil nur noch hinsichtlich von Rechtsfragen überprüft.

4. Einführung in das Bürgerliche Gesetzbuch (BGB)

In diesem Kapitel lernen Sie …

fachlich,
- das BGB ins deutsche Rechtssystem einzuordnen,
- wie das BGB aufgebaut ist,
- was man unter Klammertechnik versteht und welche Bedeutung sie im BGB hat,
- die Unterscheidung zwischen Verpflichtungs- und Verfügungsgeschäften und damit verbunden das Trennungs- und Abstraktionsprinzip.

hinsichtlich Methodik und Lernstrategien,
- sich ein Thema weitgehend selbständig erarbeiten zu können,
- dabei die Visualisierungstechnik zur Texterschließung zu nutzen.

sprachlich,
- einen Vortrag vorzubereiten und ihn zu halten,
- Rechtsbegriffe zu umschreiben (paraphrasieren),
- inwiefern Signalwörter die Sinnstruktur eines Textes bestimmen können.

Nach den juristischen Grundlagen, die in den ersten drei Kapiteln behandelt wurden, soll nun Grundlagenwissen über das Bürgerliche Gesetzbuch (BGB) vermittelt werden. In einem ersten Schritt wird, als Wiederholung aus dem ersten Kapitel, das BGB in das deutsche Rechtssystem eingeordnet.

In diesem Kapitel sollen zunächst die Gliederung des BGB, die Klammertechnik und das Trennungs- und Abstraktionsprinzip behandelt werden. Deren Verständnis stellen Voraussetzungen dar, ohne die eine Arbeit mit dem BGB nicht möglich ist.

Ihr Vorwissen

Vorwissen aufschreiben

Schreiben Sie einen gegliederten Text darüber, was Sie bereits über das BGB wissen. Stellen Sie sich vor, Sie sollten einen juristischen Laien über das Zivilrecht informieren.

- Erstellen Sie zunächst eine Gliederung ihres Textes, z.B.: 1) Aufbau, 2) zugrunde liegende Prinzipien, 3) historische Entwicklung usw.
- Schreiben Sie den Text so, dass eine fremde Person ihn als Informationsquelle benutzen könnte.

4.1 Einordnung des BGB in das deutsche Rechtssystem

Privatrecht und Öffentliches Recht zu unterscheiden hat weitreichende Konsequenzen. Zunächst folgt daraus, welches Recht in einem Rechtsstreit angewendet werden muss. Darüber hinaus bestimmt die Unterscheidung auch, welches Gericht in einem Rechtsstreit zuständig ist, also welcher Rechtsweg eingeschlagen werden muss.

Mind Map erstellen

Im folgenden Kreis finden Sie Begriffe zum Rechtssystem, zu Gerichten und Gesetzen. Entwerfen Sie zunächst eine systematische Ordnung des Rechtssystems, z.B. auf blauen Karten, die Sie von der Lehrkraft erhalten. Ordnen Sie anschließend die angegebenen Gerichte (z.B. auf grünen Karten) und die Gesetze (z.B. auf roten Karten) den Rechtsbereichen zu. Ziel der Übung ist es zu erkennen, welche Stellung das BGB innerhalb des deutschen Rechtssystems hat.

Gesamtrecht

Allgemeines Privatrecht
Prozessrecht
Bundesverfassungsgericht
Bürgerliches Gesetzbuch
Verwaltungsgericht
Oberlandesgericht (2x)
Grundgesetz
Oberverwaltungsgericht
Handelsrecht
Strafrecht
Besonderes Privatrecht
Oberverwaltungsgericht / Verwaltungsgerichtshof
Strafprozessordnung
Verwaltungsrecht
Formelles Recht
ordentliches Gericht (2x)
Strafgesetzbuch
Amtsgericht (2x)
Privatrecht
Verfassungsrecht
Zivilprozessordnung
Landgericht (2x)
Materielles Recht
Öffentliches Recht
Bundesgerichtshof (2x)
Verwaltungsgerichtsordnung
Bundesverwaltungsgericht
Bundesverfassungsgerichtsgesetz

Über den Anwendungsbereich des BGB entscheiden

Richtig oder falsch?

Behauptung	**r**	**f**	**Begründung**
Das BGB regelt die Rechtsbeziehungen zwischen Privatpersonen.			
Das Handelsrecht ist Teil des BGB.			
Das BGB regelt die Rechtsbeziehungen zwischen dem Staat und Privatpersonen.			
Rechtsbeziehungen zwischen Bürgern und Unternehmen werden im Handelsgesetzbuch geregelt.			

4.2 Der Aufbau des BGB

Hören und verstehen (1)

Hören Sie sich den folgenden Vortrag der Lehrperson über den Aufbau des BGB an (s. Anhang 1, der Text sollte von der Lehrperson vorgetragen werden), ohne in den Anhang zu schauen. Machen Sie sich Notizen und berichten Sie anschließend mündlich im Plenum.

Übungen zur Anwendung des BGB

Im Folgenden finden Sie einige Rechtsfälle. Prüfen Sie, ob das BGB und gegebenenfalls, welches Buch anzuwenden ist. Zur Orientierung können Sie das Mind Map aus Anhang 2 benutzen.

Rechtsfall	BGB anwendbar?	Buch, Paragraph
1 Wohnungseigentümer Breisam möchte seine Wohnung verkaufen. Der Mieter, ein Sauberkeitsfanatiker, putzt jeden Tag so lange seinen Marmorfußboden, bis er glänzt. Als nun interessierte Personen, die die Wohnung kaufen möchten, zur Besichtigung kommen, fordert der Mieter von ihnen, dass sie sich vor Betreten der Wohnung die Schuhe ausziehen.		
2 Herr Breisam muss seine Wohnung verkaufen, weil er vor zwei Jahren sein Geld seiner Tochter und seinem Schwiegersohn geschenkt hat. Doch nun hat sich der Schwiegersohn von seiner Tochter getrennt und lebt mit einer anderen Frau zusammen. Herr Breisam möchte deshalb die Schenkung widerrufen.		
3 Herr Breisam ist während seiner Arbeitszeit eingeschlafen und fällt dabei so unglücklich vom Stuhl, dass er sich einen Arm bricht. Nun soll ein Gericht untersuchen, ob es sich um einen Arbeitsunfall handelt.		
4 Die Tante von Herrn Breisam stirbt. Sie hatte ein großes Vermögen. Die Tante hat aber ihr Geld einem Regisseur von Tierfilmen geschenkt, weil sie so gerne Tierfilme gesehen hat. Herr Breisam fordert aber einen Anteil an dem Erbe.		
5 Um sich vor seinem Schwiegersohn zu schützen, der unter Alkoholeinfluss gewalttätig wird, kauft sich Herr Breisam einen Schäferhund. Eines Tages betritt der betrunkene Schwiegersohn das Grundstück von Herrn Breisam. Der Hund reißt sich los, läuft durch das offen gebliebene Gartentor auf den Bürgersteig und beißt einen Passanten in die Wade.		

(Lösungen in Anhang 3)

4.3 Die Klammertechnik

Im BGB gilt die sogenannte Klammertechnik. Damit ist gemeint, dass generelle Vorschriften an den Anfang von Gesetzen, Abschnitten oder Paragraphen gestellt werden. Diese generellen Vorschriften gelten für die speziellen Vorschriften, die den generellen folgen (Lex specialis derogat legi generali).

Beispiel: Der allgemeine Teil (AT) am Anfang des BGB ist ein Beispiel für die Klammertechnik. Dieser vorangestellte Teil enthält grundsätzliche Regeln, die für das gesamte Gesetzbuch gelten. Das bedeutet, dass die Normen des AT für alle folgenden Normen des BGB (Buch 2 bis 5) beachtet werden müssen.

Der Gesetzgeber wollte beispielsweise Minderjährige bei dem Abschluss von Rechtsgeschäften schützen. Deshalb hat er im BGB AT die Paragraphen §§ 104 ff. BGB geschaffen. Wird etwa ein Kaufvertrag zwischen einem Minderjährigen und einem Erwachsenen geschlossen, so gelten hier zunächst die generellen Normen aus dem AT zum Schutz von Minderjährigen. Darüber hinaus gelten die spezifischen Normen des § 433 BGB (BT). Die entsprechenden Paragraphen des AT und des BT sind miteinander „verklammert“.

Fälle zur Klammertechnik
Bei jeder Prüfung eines Rechtsfalls sind zunächst Vorschriften des BT anzuwenden, in denen besondere Regelungen zu dem Rechtsfall enthalten sind. Im zweiten Schritt müssen ergänzend Vorschriften des AT herangezogen werden (Klammertechnik).

Ermitteln Sie in den folgenden Rechtsfällen, welche Normen des BT und welche des AT anzuwenden sind.

Fall 1 bearbeiten
Bei der rechtlichen Lösung des folgenden Falles (Vertragsrecht) spielen sowohl allgemeine als auch spezielle Vorschriften eine Rolle.

Guntram Peters beauftragt Malermeister Wilhelm Grießhaber, seine Wand im Wohnzimmer neu zu streichen. Grießhaber schickt seine Auszubildende Judith Marquardt. Beim Streichen der Wand fällt ihr die Leiter um. Dabei geht ein wertvolles Gemälde der Malerin Angelika Fleddermann kaputt.

Frage 1: Welche Vorschriften im Schuldrecht BT des BGB spielen bei diesem Fall eine Rolle? Orientieren Sie sich am Inhaltsverzeichnis des BGB!

Frage 2: Welche allgemeinen Normen des BGB AT sowie des Allgemeinen Teils des Schuldrechts müssen berücksichtigt werden?

(Lösung in Anhang 4)

Sprechen
Besprechen Sie im Plenum die Frage, welche Vorteile bzw. Nachteile die Klammertechnik bietet.

(Hinweise in Anhang 5)

4.4 Verpflichtungs- und Verfügungsgeschäfte

Das BGB fußt auf Prinzipien, deren Verständnis für die Arbeit mit dem BGB unerlässlich sind. Zu diesen Prinzipien gehören unter anderem das Trennungs- und Abstraktionsprinzip. Bevor diese Prinzipien behandelt werden, müssen zunächst die Begriffe Verpflichtungs- und Verfügungsgeschäft geklärt werden.

Fachbegriffe erläutern
Zur Einführung in die Thematik erläutern Sie bitte die folgenden Fachbegriffe. Nehmen Sie dafür, wenn nötig, ein Rechtswörterbuch zu Hilfe oder recherchieren Sie im Internet (s. a. sprachliche Mittel zur Umschreibung in Kapitel 3).

- Rechtsgeschäft
- Eigentum/Besitz
- Eigentumsübergang
- Vertragsparteien
- Übertragung
- Belastung
- Kaufvertrag
- Kaufsache

Hören und verstehen (2)
Hören Sie sich den folgenden Vortrag der Lehrperson zum Verpflichtungs- und Verfügungsgeschäft an (s. Anhang 6), ohne in den Anhang zu schauen. Zeichnen Sie dabei in das folgende Wortgeflecht Verbindungslinien zwischen Begriffen, die eine inhaltliche Beziehung zueinander haben (Beispiel: Kaufvertrag). Oberbegriffe sind hervorgehoben.

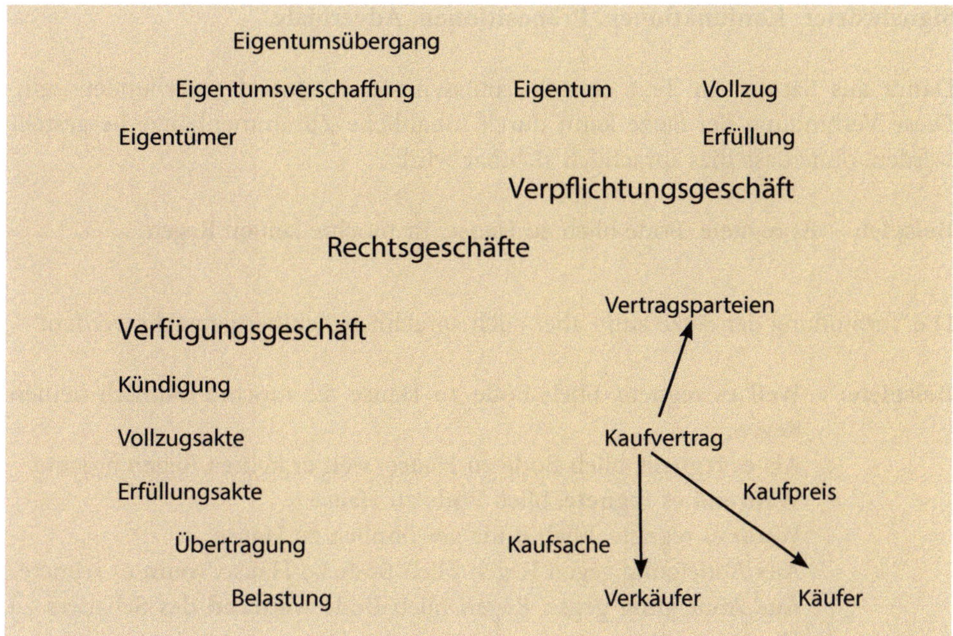

Selbstreflexion

Was haben Sie nicht verstanden? Notieren Sie Ihre Fragen. Besprechen Sie die Unklarheiten mit Ihrem Nachbarn.

Hören und verstehen (3)

Hören Sie sich jetzt den Text noch einmal an und vervollständigen Sie die obige Skizze.

Schreiben

- Formulieren Sie zu den Beziehungen, die Sie im Wortgeflecht hergestellt haben, einfache Sätze.
- Suchen Sie, wenn nötig mit Hilfe eines Wörterbuches, geeignete Verben.
- Tauschen Sie die Sätze mit Ihrem Nachbarn und besprechen Sie diese.

Beispiel: Aus einem Kaufvertrag **ergeben sich** Verpflichtungen für beide Vertragsparteien, für den Käufer und für den Verkäufer.

Signalwörter: Konjunktionen, Präpositionen, Adverbiale

Damit aus Sätzen ein Text entsteht, müssen sie miteinander verbunden sein. Diese Verbindung der Sätze kann durch inhaltliche Zusammenhänge hergestellt werden, ohne dass dies sprachlich sichtbar wird:

Beispiel: Es regnete. Bode blieb zu Hause. Er mochte keinen Regen.

Die Verbindung der Sätze kann aber auch sprachlich sichtbar gemacht werden:

Beispiele: **Weil** es regnete, blieb Bode zu Hause. Er mochte **nämlich** keinen Regen.
Als es regnete, blieb Bode zu Hause, **weil** er keinen Regen mochte.
Während es **regnete**, blieb Bode zu Hause.
Wenn es regnete, blieb Bode gewöhnlich zu Hause.
Aus Abneigung gegen Regen blieb Bode zu Hause, **wenn** es regnete.
Aus Abneigung gegen Regen blieb Bode **während** des Schauers zu Hause.

Durch die Wahl der **fett** markierten Signalwörter steuern Sie den Sinn des Textes.

In dem bereits gehörten Text zum Trennungs- und Abstraktionsprinzip überziehen die Signalwörter wie ein Verbindungsnetz den gesamten Text und geben ihm eine inhaltliche Struktur. Diese Signalwörter zu verstehen hilft dabei, die Struktur eines Textes zu erkennen (s.a. Kapitel 3).

▶ **Lernhinweise:** Bei Schwierigkeiten mit Signalwörtern suchen Sie sich geeignete Lernformen:

- eine Übungsgrammatik benutzen
- Online-Übungen durcharbeiten
- reflektiert lesen

Signalwörter einsetzen

In dem bereits gehörten Text fehlen einige Verbindungswörter. Ordnen Sie die aufgeführten Wörter den Lücken zu, die im Text gelassen wurden (Vorlage online).

Text	Verbindungswörter
Verpflichtungs- und Verfügungsgeschäfte	
Man unterscheidet im deutschen Zivilrecht zwischen Verpflichtungs- und Verfügungsgeschäften. Bei beiden handelt es sich um Rechtsgeschäfte, die .... beim Kaufvertrag eine Rolle spielen.	z.B.: aber
Verpflichtungsgeschäfte Die meisten Rechtsgeschäfte erzeugen für beide Vertragsparteien eine Verpflichtung (Schuld). Bei einem Kaufvertrag ...... besteht die Verpflichtung darin, dass der Schuldner (Verkäufer) die Sache dem Käufer übergeben muss. .... entsteht die Rechtsfolge, dass die Kaufsache in das Eigentum des Käufers übergeht. .... muss der Käufer den vereinbarten Kaufpreis zahlen. Derartige Verpflichtungsgeschäfte beziehen sich lediglich auf die vertragliche Verpflichtung der Vertragsparteien.	etwa diesen dazu hieraus nämlich
...... durch den Abschluss eines Kaufvertrages wird der Käufer noch nicht Eigentümer der Sache, Verpflichtungsgeschäfte verändern .... noch nicht die dingliche Rechtslage. .... ist es vielmehr notwendig, das Eigentum auch zu übergeben. Notwendig ist ...... die Erfüllung oder der Vollzug.	auf der anderen Seite aber auch
Verfügungsgeschäfte Der Eigentumsübergang ist ein dingliches Rechtsgeschäft, das durch Vollzugs- oder Erfüllungsakte getätigt wird. Diesen Eigentumsübergang nennt man Verfügung. Verfügungsgeschäfte können in der Übertragung eines Eigentums bestehen, ... in der Abtretung einer Forderung oder etwa der Belastung eines Grundstücks.	also

Formale Hilfe beim Einsetzen: Adverbiale leiten Hauptsatz ein, Konjunktionen i.d.R. einen Nebensatz, *denn* einen Hauptsatz mit 0-Stelle.

Wortbedeutungen klären

Erläutern Sie die Bedeutung bzw. die Funktion der unterstrichenen Wörter.

Beispiel: *etwa* in Zeile 24 gibt an, dass hier ein Beispiel gegeben wird.

Einen Text schreiben

Beschreiben Sie mit Ihren eigenen Worten, inwiefern in jedem mündlichen oder schriftlichen Kaufvertrag ein Verpflichtungs- und ein Verfügungsgeschäft enthalten sind.

4.5 Zwei Prinzipien des BGB: Trennungs- und Abstraktionsprinzip

Sie haben jetzt verstanden, dass man Verpflichtungs- und Verfügungsgeschäfte voneinander unterscheiden muss. Sie brauchen diese Unterscheidung, um die beiden wesentlichen Prinzipien, das Trennungs- und Abstraktionsprinzip, zu verstehen, die dem gesamten deutschen Zivilrecht zugrunde liegen.

Einen Text lesen

Lesen Sie den folgenden Text zum Trennungs- und Abstraktionsprinzip.

Das Trennungsprinzip

Wie bereits ausgeführt, sind Verpflichtungs- und Verfügungsgeschäfte juristisch voneinander zu unterscheiden. Es entstehen dadurch rechtlich zwei voneinander getrennte Vorgänge mit eigenen Rechtsfolgen. Man spricht deshalb auch von dem Trennungsprinzip.

Die wirksame Verpflichtung bildet häufig den rechtlichen Grund der Verfügung. Von Bedeutung wird dies in Konfliktfällen, in denen über § 812 Abs. 1, S. 1, 1. Alt. BGB eine Rückabwicklung der Rechtsgeschäfte stattfinden kann.

Allerdings gibt es auch Besonderheiten. § 823 BGB etwa regelt die Verpflichtung zu einem Schadensersatz, der also per Gesetz geregelt ist. Das Verfügungsgeschäft der dinglichen Übereignung erfolgt demnach, ohne dass vorher ein Verpflichtungsgeschäft getätigt wurde.

Das Abstraktionsprinzip

Man könnte nun zu dem Schluss kommen, dass das Verfügungsgeschäft nur in Verbindung mit einem rechtlich wirksamen Verpflichtungsgeschäft wirksam ist. Abstraktionsprinzip besagt aber, dass ein dinglicher Vertrag wirksam sein kann, auch wenn der zugrunde liegende schuldrechtliche Vertrag nichtig ist. Die Wirksamkeit des Verfügungsgeschäfts muss also unabhängig von der Wirksamkeit des zugrundliegenden Verpflichtungsgeschäfts beurteilt werden.

Die Übertragung des Eigentums an einer Kaufsache (Verfügungsgeschäft) wird nicht zwangsläufig deshalb unwirksam, weil das Verpflichtungsgeschäft, das zugrunde liegt, unwirksam ist. Die Verfügung ist in ihrer rechtlichen Wirksamkeit unabhängig vom zugrundeliegenden Verpflichtungsgeschäft zu beurteilen. Sie ist abstrakt. Diese Abstraktion, d.h. die getrennte Prüfung von Verpflichtungs- und Verfügungsgeschäft unabhängig voneinander, bezeichnet man üblicherweise als Abstraktionsprinzip.

Textverstehen

1. Fertigen Sie von den beiden Texten zum Verpflichtungs- und Verfügungsgeschäft und dem Trennungs- und Abstraktionsprinzip ein gemeinsames Mind Map an.
2. Besprechen Sie mit Ihrem Nachbarn Ihr Mind Map und fügen Sie Verbesserungen ein.
   (Zwei Vorschläge für unterschiedliche Mind Maps in Anhang 7)

Sprechen

Besprechen Sie in Kleingruppen, welcher Zweck wird mit dem Abstraktionsprinzip verfolgt wird. Tragen Sie Ihre Ergebnisse anschließend im Plenum vor.

Fälle zum Abstraktionsprinzip

Fall 2 bearbeiten

Hartwig Tegeler (H.T.) kauft bei Karen Hobbie einen Fernseher. H.T. übergibt das Geld an Karen Hobbie, die den Fernseher zu H.T. nach Hause liefert. Dort bemerkt H.T., dass der Fernseher aber nicht, wie gewünscht, von Loewe ist, sondern von Samsung. Daher ficht H.T. den Kaufvertrag an und verlangt die Herausgabe seines Geldes.

Wie bekommt H.T. sein Geld zurück? Maßgeblich ist der Herausgabeanspruch nach §§ 985, 812 BGB. Lesen Sie die beiden Paragraphen und begründen Sie, warum (k)ein Anspruch besteht.

(Lösung in Anhang 8)

Fall 3 bearbeiten

Der unerkannt geisteskranke Wilhelm von Cloppenburg (W.v.C.) verkauft am 10.05. sein Fahrrad für 150,00 € an Kirsten Handke (K.H.). Als W.v.C. der K.H. das Fahrrad wie vereinbart am 15.06. liefert und somit übereignet, handelt W.v.C. in einem geistig klaren Augenblick.

Inwiefern findet bei der Prüfung dieses Falles das Abstraktionsprinzip Anwendung?

(Lösung in Anhang 9)

Trennungs- und Abstraktionsprinzip beschreiben

Stellen Sie sich vor, Sie sollen in einer Prüfung die dem BGB zugrundeliegenden Trennungs- und Abstraktionsprinzip erklären. Schreiben Sie in 5 Minuten einen kurzen Text.

Einen Vortrag vorbereiten und halten

Bereiten Sie zu einem der beiden folgenden Themen einen Kurzvortrag von ca. 3 Minuten vor. Beachten Sie dabei vor allem transkulturelle Unterschiede.

- Alternative Prinzipien zum Abstraktionsprinzip in internationalen Rechtssystemen
- Beschreibung des Zivilrechtssystems in Ihrem Herkunftsland

Beachten Sie Folgendes:

- Halten Sie den Vortrag frei.
- Achten Sie bei dem Kurzvortrag auf die Struktur Ihrer Rede (z.B. einleitende Orientierung des Hörers, gegliederte inhaltliche Darstellung, zusammenfassende Darstellung).
- Benutzen Sie veranschaulichende Beispiele.

4.6 Wiederholungsübungen

Fall 4 zum Trennungsprinzip bearbeiten

Sophia Kunze (S.K.) kauft bei Bäcker Frank Gaede (F.G.) 13 Brötchen.

Frage zur Bearbeitung: Welche Rechtsgeschäfte spielen hier eine Rolle?

Vorgehen:

- Lesen Sie zur Beantwortung der Frage §§ 151, 433 Abs. 1, Abs. 2 und 929 S. 1 BGB.
- Stellen Sie die jeweiligen Rechtsgeschäfte graphisch dar.

(Lösung in Anhang 10)

Fall 5 zur Klammertechnik bearbeiten

Gerda Löschen hat einen Fernseher gekauft. Den Kaufvertrag hat sie persönlich abgeschlossen. Der Verkäufer Peter Goerke hat sich durch seinen Freund Thomas Conradi vertreten lassen. Der Fernseher sollte am 1. April bezahlt werden. Gerda Löschen bezahlt den Kaufpreis erst am 1. Mai.

Fragen zur Bearbeitung:

1. Ist ein Kaufvertrag zustande gekommen?
2. Falls ein Kaufvertrag zustande gekommen sein sollte, möchte Gerda Löschen wissen, welche Rechte sie hat, wenn der Fernseher Mängel haben sollte.

Vorgehen:

- Suchen Sie im BGB die Normen, die angewendet werden müssen.
- Prüfen Sie, ob die Klammertechnik angewendet werden muss.
- Verschaffen sie sich dazu einen Überblick im BGB mit Hilfe der Inhaltsübersicht und des Sachverzeichnisses.

(Lösung in Anhang 11)

Fall 6 zum Verpflichtungs- und Verfügungsgeschäft

Heribert Breisam kommt beim Joggen am Sonntagmorgen bei einem Bäcker vorbei. Er hat Hunger, leider aber kein Geld dabei. Er überredet den Bäcker, ihm die Brötchen zu verkaufen und verspricht, das Geld später vorbeizubringen. Herr Breisam hält sein Versprechen aber nicht.

Frage zur Bearbeitung:
Welche Geschäfte sind bei diesem Vorgang zu unterscheiden?

(Lösung in Anhang 12)

Ihr Wissen vertiefen

Klären Sie die Unterschiede zwischen Bürgerlichem Recht, Privatrecht und Zivilrecht.

Wiederholungs- und Kontrollfragen

Beantworten Sie folgende Fragen:

a) Welche Beziehungen regelt das Bürgerliche Recht und welche Beziehungen regelt das Öffentliche Recht?
b) Warum ist die Unterscheidung zwischen Privatrecht und Öffentlichem Recht so wichtig?
c) Aus wie vielen Büchern besteht das BGB?
d) Welches Prinzip liegt dem BGB zugrunde?
e) Was versteht man unter der Klammertechnik?
f) Was versteht man unter einem Verpflichtungsgeschäft und was versteht man unter einem Verfügungsgeschäft?
g) Was versteht man unter dem Trennungsprinzip?
h) Was versteht man unter dem Abstraktionsprinzip?

(Lösungen in Anhang 13)

Vertiefungshinweise

Wörlen, R. & Metzler-Müller, K. (2016): *BGB AT, mit Einführung in das Recht*, S. 9–11, 36–39, 148–157.
Köhler, H. (2018): *BGB Allgemeiner Teil*, S. 5–16, 40–44.
Brox, H. & Walker, W.-D. (2018): *Allgemeiner Teil des BGB*, S. 2–26, 50–58.

Das Prinzip der Privatautonomie wird in diesem Buch nicht behandelt. Sie finden Informationen dazu in den einschlägigen juristischen Lehrbüchern.

Anhang 1 Text zum Hörverstehen

Der folgende Text sollte von der Lehrperson vorgetragen werden:

Das Bürgerliche Gesetzbuch besteht aus 5 Büchern. Das 1. Buch (§§ 1–240 BGB) beinhaltet den Allgemeinen Teil des BGB. Dort sind die allgemeinen Grundsätze und Definitionen enthalten, die für die nachfolgenden Bücher gelten.

Das 2. Buch (§§ 241–853 BGB) befasst sich mit dem Schuldrecht, bei dem es um die rechtlichen Beziehungen zwischen Personen geht. Im Schuldrecht wird zwischen einem allgemeinen und einem besonderen Teil unterschieden. Im allgemeinen Teil sind Regelungen und Prinzipien enthalten, die für den besonderen Teil des Schuldrechts gelten.

Das 3. Buch (§§ 854–1296 BGB) befasst sich mit dem Sachenrecht. Es regelt die rechtlichen Beziehungen zwischen Personen und Sachen.

Das 4. Buch (§§ 1297–1921 BGB) beschäftigt sich mit dem Familienrecht. In ihm sind Regelungen zu familiären Rechtsverhältnissen enthalten, z.B. zum Verlöbnis, zur Ehe, zur Verwandtschaft, zu Kindern und zur Scheidung.

Im 5. und letzten Buch (§§ 1922–2385 BGB) wird das Erbrecht geregelt. Im Rahmen des Erbrechts geht es um die Rechtsnachfolge in das Vermögen des Erblassers nach seinem Tode.

Anhang 2 Mind Map zum Aufbau des BGB

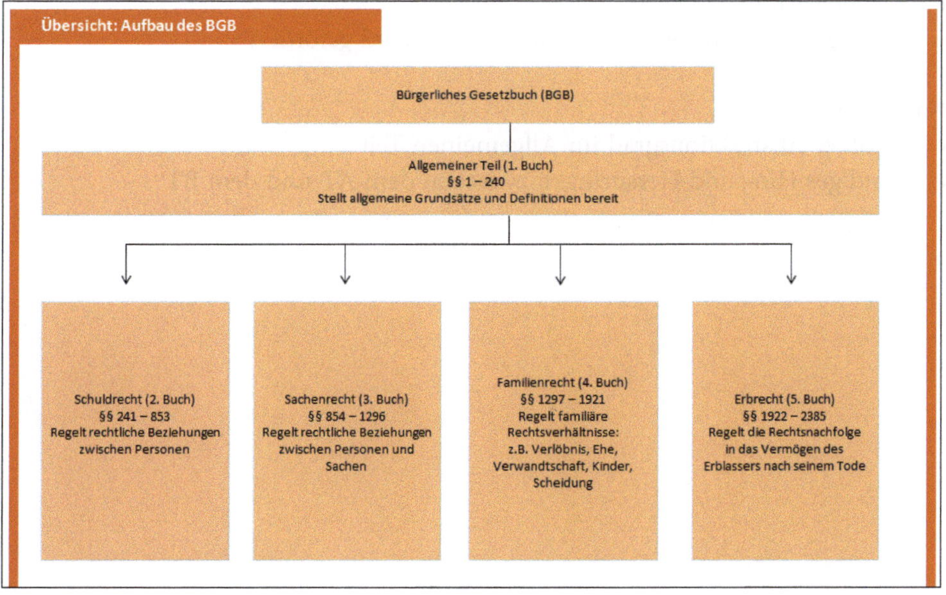

Anhang 3 Anwendung des BGB

Zu 1) BGB nicht anwendbar; andere Ansicht vertretbar
Zu 2) BGB anwendbar, 2. Buch, § 530 Abs. 1 BGB; andere Ansicht vertretbar
Zu 3) BGB nicht anwendbar
Zu 4) BGB anwendbar, 5. Buch, §§ 1922 ff. BGB
Zu 5) BGB anwendbar, 2. Buch, § 833 S. 1 BGB

Anhang 4 Lösungen zu Fall 1

- Vorschriften im BGB-AT: §§ 164 ff. BGB; 145 ff. BGB;
- Vorschriften im Schuldrecht AT: § 278 BGB; § 280 Abs. 1 i.V.m. § 241 Abs. 2 BGB;
- Vorschriften im Schuldrecht BT: § 631 Abs. 1 BGB; § 831 Abs. 1 S. 1 BGB;

Anhang 5 Vor- und Nachteile der Klammertechnik

Vorteile:

- Ersparen von dauernden Wiederholungen der Normen, die im AT stehen und vielen spezifischen Normen, die im BT gelten
- Platzersparnis
- ein logisch strukturierter Aufbau des BGB wird gefördert

Nachteile:

- erhöhter Abstraktionsgrad im Allgemeinen Teil
- ständiges Hin- und Herspringen zwischen dem AT und dem BT

Anhang 6 Hörtext zum Verpflichtungs- und Verfügungsgeschäft

Der folgende Text sollte von der Lehrperson vorgetragen werden:

Verpflichtungs- und Verfügungsgeschäfte
Man unterscheidet im deutschen Zivilrecht zwischen Verpflichtungs- und Verfügungsgeschäften. Bei beiden handelt es sich um Rechtsgeschäfte, die etwa beim Kaufvertrag eine Rolle spielen.

Verpflichtungsgeschäfte
Die meisten Rechtsgeschäfte erzeugen für beide Vertragsparteien eine Verpflichtung (Schuld). Bei einem Kaufvertrag etwa besteht die Verpflichtung darin, dass der Schuldner (Verkäufer) die Sache dem Käufer übergeben und übereignen muss. Daraus entsteht die Rechtsfolge, dass die Kaufsache in das Eigentum des Käufers übergeht. Auf der anderen Seite muss der Käufer den vereinbarten Kaufpreis zahlen. Derartige Verpflichtungsgeschäfte beziehen sich lediglich auf die vertragliche Verpflichtung der Vertragsparteien.

Aber durch den Abschluss eines Kaufvertrages wird der Käufer noch nicht Eigentümer der Sache, Verpflichtungsgeschäfte verändern nämlich noch nicht die dingliche Rechtslage. Dazu ist es vielmehr notwendig, das Eigentum auch zu übertragen. Notwendig ist also die Erfüllung oder der Vollzug.

Verfügungsgeschäfte
Der Eigentumsübergang ist ein dingliches Rechtsgeschäft, das durch Vollzugs- oder Erfüllungsakte getätigt wird. Diesen Eigentumsübergang nennt man Verfügung. Verfügungsgeschäfte können in der Übertragung eines Eigentums bestehen, aber auch in der Abtretung einer Forderung oder etwa der Belastung eines Grundstücks.

Anhang 7 Zwei Mind Maps zum Trennungs- und Abstraktionsprinzip

Mind-Map 1 zu Verpflichtungs- und Verfügungsgeschäft iVm. Trennungs- und Abstraktionsprinzip

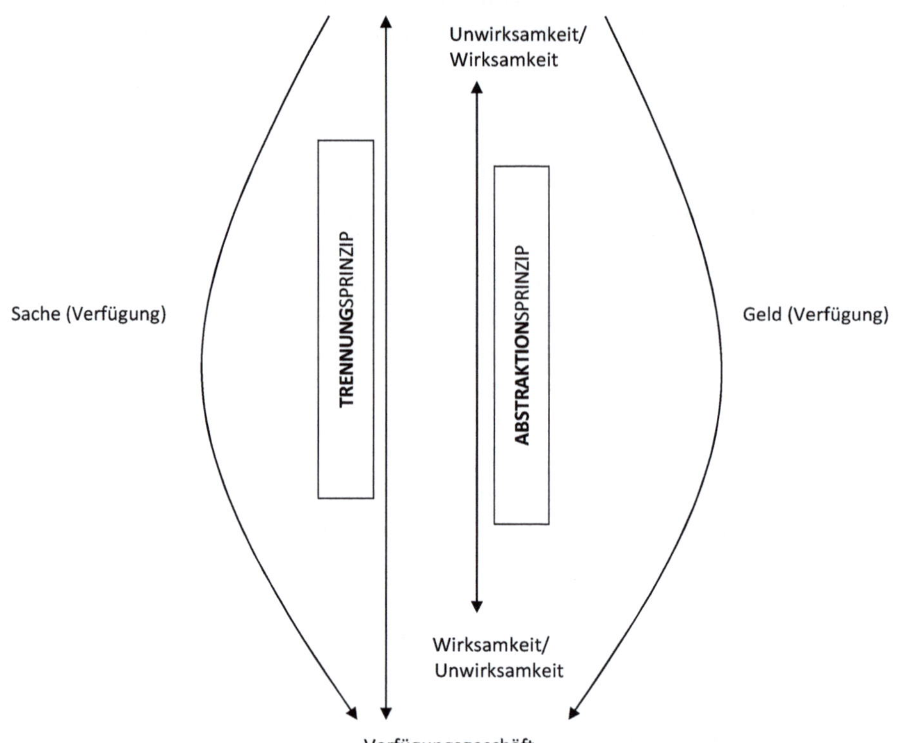

Mind-Map 2 zu Verpflichtungs- und Verfügungsgeschäft iVm. Trennungs- und Abstraktionsprinzip

I. Das Trennungsprinzip

Nach dem Trennungsprinzip sind Verpflichtungs- und Verfügungsgeschäfte Rechtsgeschäfte, die voneinander zu trennen sind.

Das Verpflichtungsgeschäft (der Kaufvertrag)
ändert die dingliche Rechtslage nicht, begründet nur einen Anspruch auf Übereignung

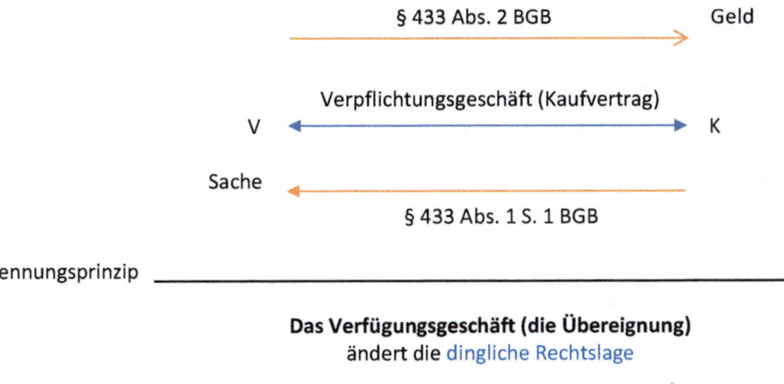

Das Verfügungsgeschäft (die Übereignung)
ändert die dingliche Rechtslage

§ 929 S. 1 BGB

II. Abstraktionsprinzip

Das Abstraktionsprinzip besagt, dass die Wirksamkeit des Verpflichtungsgeschäfts nicht die Wirksamkeit des Verfügungsgeschäfts berührt und umgekehrt.

Das Verpflichtungsgeschäft (der Kaufvertrag)
ändert die dingliche Rechtslage nicht, begründet nur einen Anspruch auf Übereignung

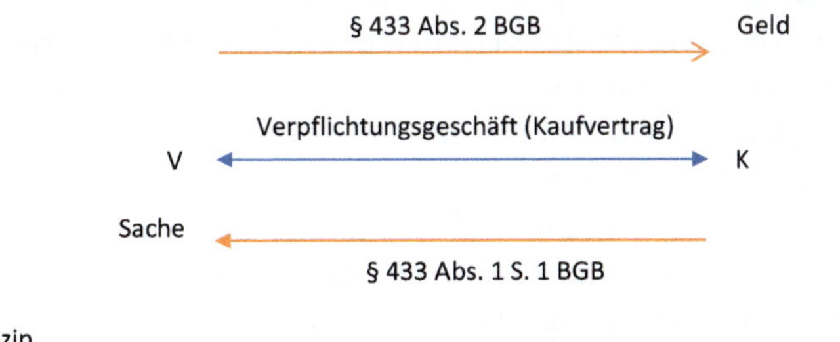

Das Verfügungsgeschäft (die Übereignung)
ändert die dingliche Rechtslage und ist unabhängig vom Bestand des Verpflichtungsgeschäfts

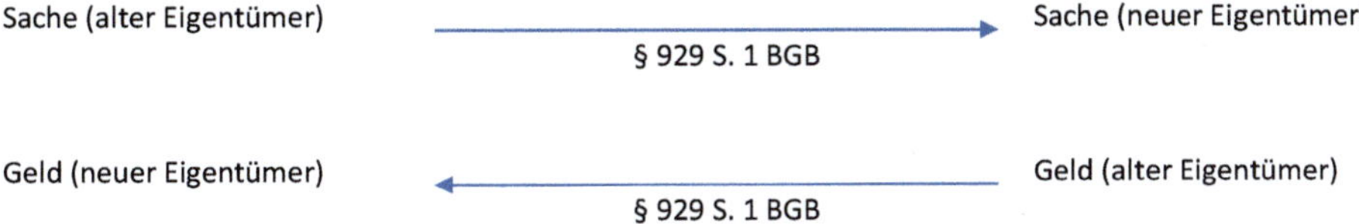

Anhang 8 Lösung zu Fall 2

Hier liegt ein Fehler beim Verpflichtungsgeschäft vor. Deshalb greift hier das Abstraktionsprinzip.

Der Kaufvertrag wird angefochten. Hartwig Tegeler will sein Geld zurückbekommen. Nach § 985 BGB besteht kein Anspruch. Die Gerechtigkeitslücke, die hier besteht, wird durch § 812 Abs. 1 S. 1, 1. Alt. BGB geschlossen. Nach § 812 Abs. 1 S. 1, 1. Alt. BGB besteht ein Anspruch. Nach dem Abstraktionsprinzip: der angefochtene Kaufvertrag (Verpflichtungsgeschäft) hat keinen Einfluss auf die beiden Verfügungsgeschäfte (Sache / Geld). Konsequenz: Hartwig Tegeler bekommt sein Geld zurück wegen ungerechtfertigter Bereicherung.

Anhang 9 Lösung zu Fall 3

WvC hat gegen K.H. keinen Anspruch auf Kaufpreiszahlung iHv. 150,00 € aus § 433 Abs. 2 BGB, da die WE des unerkannt geisteskranken WvC nichtig war, §§ 105 Abs. 1, 104 Nr. 2 BGB;

WvC hat gegen K.H. keinen Anspruch auf Herausgabe des Fahrrads aus § 985 BGB, da WvC sein Eigentum an dem Fahrrad wirksam auf K.H. übertragen hat, § 929 S. 1 BGB und WvC somit nicht mehr Eigentümer des Fahrrads ist;

WvC hat gegen K.H. einen Anspruch auf Rückübereignung des Fahrrads aus § 812 Abs. 1 S. 1, 1. Alt. BGB. Da das Verpflichtungsgeschäft (Kaufvertrag) und das Verfügungsgeschäft (die Übereignung) rechtlich getrennt und abstrakt voneinander behandelt werden müssen (Trennungs- und Abstraktionsprinzip), hat K.H. einerseits keinen schuldrechtlichen Anspruch auf die Übereignung des Fahrrads, andererseits hat K.H. das Eigentum an dem Fahrrad aber infolge der wirksamen Übereignung erworben. WvC kann also nicht das Fahrrad nach § 985 BGB herausverlangen, da er nicht mehr Eigentümer ist. Andererseits hat K.H. das Eigentum an dem Fahrrad ohne rechtlichen Grund erlangt. Die Rückabwicklung dieser zu Unrecht erfolgten Übereignung ermöglicht § 812 Abs. 1 S. 1, 1. Alt. BGB.

Anhang 10 Lösung zu Fall 4

1. Verpflichtungsgeschäft zwischen S.K. und F.G.:

S.K. ←———— § 433 I, II ————→ F.G.
§ 151 S. 1 BGB
Verpflichtungsgeschäft
(Kaufvertrag)

2. Verfügungsgeschäft 1 zwischen S.K. und F.G. bezüglich der Kaufsache:

S.K. § 929 S. 1 F.G.
←———— BGB ————
Verfügungsgeschäft
(Übergabe und Übereignung der Kaufsache)

3. Verfügungsgeschäft 2 zwischen Sophia Kunze und Frank Gaede bezüglich des Geldes:

S.K. § 929 S. 1 F.G.
———— BGB ————→
Verfügungsgeschäft
(Übergabe und Übereignung des Geldes)

Zusammenfassung: Im Rahmen eines Brötchenkaufs werden 3 Rechtsgeschäfte mit 6 Willenserklärungen abgeschlossen: 1 Verpflichtungsgeschäft (Kaufvertrag) und 2 Verfügungsgeschäfte (Ware, Geld).

Merke: Verpflichtungs- und Verfügungsgeschäft sind abstrakt voneinander zu betrachten (Trennungsprinzip/Abstraktionsprinzip).

Anhang 11 Lösung zu Fall 5

Der Kaufvertrag ist in den §§ 433 ff. BGB geregelt. Mängelrechte von Gerda Löschen ergeben sich aus § 437 BGB. Regelungen zum Vertragsschluss durch den Vertreter Thomas Conradi findet man in den §§ 164 ff. BGB.

Anhang 12 Lösung zu Fall 6 zum Verpflichtungs- und Verfügungsgeschäft

Bei diesem Geschäftsvorgang zwischen Heribert Breisam und dem Bäcker sind folgende Geschäfte zu unterscheiden:

1. Zwischen Heribert Breisam und dem Bäcker kommt ein Verpflichtungsgeschäft, hier in Form des Kaufvertrages, zustande, § 433 Abs. 1, Abs. 2 BGB.

2. Zwischen Heribert Breisam und dem Bäcker kommt weiter ein Verfügungsgeschäft hinsichtlich der Übertragung des Besitzes und des Eigentums an den Brötchen zustande, § 929 S. 1 BGB.

3. Weiterhin kommt zwischen Heribert Breisam und dem Bäcker ein weiteres Verfügungsgeschäft hinsichtlich der Übertragung des Besitzes und des Eigentums an dem Geld zustande, § 929 S. 1 BGB.

Merke: Was ist die Folge, dass Herr Breisam das Geld für die Brötchen nicht bezahlt hat? Durch den Kaufvertrag wird der Bäcker noch nicht Eigentümer des Geldes. Vielmehr besteht aus dem Kaufvertrag ein Anspruch auf Eigentumsverschaffung an dem Geld. Wenn Herr Breisam nicht zahlen will, muss der Bäcker seinen Anspruch gerichtlich geltend machen und auf Eigentumsübertragung klagen.

Anhang 13 Lösungen zu den Wiederholungs- und Kontrollfragen

a) Das Bürgerliche Recht regelt die Beziehungen zwischen den Bürgern auf der Ebene der Gleichordnung. Dagegen regelt das Öffentliche Recht das Verhältnis zwischen Staat und Bürger bzw. zwischen Staat und Staat auf der Ebene der Über-Unterordnung.

b) Die Unterscheidung zwischen Privatrecht und Öffentlichem Recht ist wichtig zum einen für die Anwendung des materiellen Rechts. Für jeden Rechtsbereich wird ein anderes materielles Recht herangezogen. Zum anderen ist die Unterscheidung wichtig für die Frage, welches Gericht in einem Rechtsstreit zuständig ist, also welcher Rechtsweg eingeschlagen werden muss.

c) Das BGB besteht aus 5 Büchern. Buch 1 enthält den allgemeinen Teil. Buch 2 enthält den allgemeinen und besonderen Teil des Schuldrechts. In Buch 3 wird das Sachenrecht geregelt, in Buch 4 das Familienrecht. Buch 5 enthält das Erbrecht. Der Aufbau von Buch 1 bis Buch 5 verläuft genauso wie das Leben eines Menschen. Man wird zuerst geboren und am Ende scheidet man aus diesem Leben aus.

d) Das BGB wird bestimmt von dem Prinzip der Privatautonomie. Die Privatautonomie besagt, dass der Einzelne grundsätzlich frei ist, Rechtsverhältnisse nach seinem Willen zu gestalten. Die Privatautonomie ist als Teil der allgemeinen Handlungsfreiheit von Art. 2 Abs. 1 GG geschützt. Kernbestandteil der Privatautonomie ist u.a. die Vertragsfreiheit.

e) Die Klammertechnik ist eine Technik des Gesetzgebers, allgemeine Vorschriften mit besonderen Vorschriften, z.B. innerhalb des BGB, miteinander zu „verklammern". Der Gesetzgeber bedient sich einer solchen Technik, um die allgemeinen Vorschriften vor die besonderen Vorschriften zu ziehen und damit Wiederholungen zu vermeiden. Der Nachteil einer solchen Technik ist der erhöhte Abstraktionsgrad in den allgemeinen Vorschriften.

f) Unter einem Verpflichtungsgeschäft versteht man ein Rechtsgeschäft, durch das die Verpflichtung zu einer Leistung begründet wird, z.B. ein Kaufvertrag. Dagegen versteht man unter einem Verfügungsgeschäft ein Rechtsgeschäft, durch das ein Recht unmittelbar übertragen, belastet, geändert oder aufgehoben wird, z.B. die Eigentumsübertragung.

g) Unter dem Trennungsprinzip versteht man die strikte Trennung von Verpflichtungs- und Verfügungsgeschäft, d.h. beide Geschäfte bilden keine Einheit.

h) Unter dem Abstraktionsprinzip versteht man die rechtliche Unabhängigkeit von Verpflichtungs- und Verfügungsgeschäft. Die rechtliche Wirksamkeit oder Unwirksamkeit des Verpflichtungsgeschäftes hat grundsätzlich keine Auswirkungen auf die Wirksamkeit bzw. Unwirksamkeit des Verfügungsgeschäftes.

5. Rechtsgeschäfte

In diesem Kapitel lernen Sie ...
fachlich, • was man unter Rechtsgeschäften versteht, • einseitige und mehrseitige Rechtsgeschäfte zu unterscheiden, • wann Rechtsgeschäfte nichtig sind. hinsichtlich Methodik und Lernstrategien • den Umgang mit dem BGB. sprachlich • neue juristische Fachtermini, • Nomen-Verb-Verbindungen, • zu nominalisieren und zu verbalisieren.

Grundlegend für das Verständnis des Zivilrechts ist ein Verständnis davon, was im BGB unter Rechtsgeschäften verstanden wird. Dieser zentrale Begriff soll in seiner Bedeutung erarbeitet werden.

Sprachlich sollen Sie Ihren Fachwortschatz erweitern und in Übungen anwenden. Nomen-Verb-Verbindungen und Nominalisierungen stehen im Mittelpunkt grammatischer Übungen, die beim Lesen von Texten eine Hilfe darstellen, aber auch beim fachorientierten Schreiben unentbehrlich sind.

Über Rechtsgeschäfte schreiben

Denken Sie an die Lebenssituation von Robinson und Freitag auf der Insel aus dem 1. Kapitel. Überlegen Sie sich Situationen aus dem Alltag von Robinson und Freitag, die in einer demokratisch organisierten Gesellschaft Rechtsgeschäfte darstellen und deshalb rechtlich geregelt sein sollten.

5.1 Definition des Begriffs Rechtsgeschäft

Ihr Vorwissen abrufen

Tragen Sie im Plenum zusammen, was Sie zu dem Thema Rechtsgeschäfte bereits wissen. Orientieren Sie sich dabei an folgenden Fragen:

- Was versteht man unter einem Rechtsgeschäft?
- Welche Arten von Rechtsgeschäften werden systematisch voneinander unterschieden?
- Welche Beispiele für Rechtsgeschäfte fallen Ihnen ein?

Lesen

Lesen Sie den folgenden Text zum Thema Rechtsgeschäfte.

Rechtsgeschäfte (RG)

Allgemeine Definition von RG
Ein Rechtsgeschäft ist ein rechtlicher Tatbestand. Es besteht aus einer oder mehreren Willenserklärungen, mit denen ein bestimmter Erfolg bezweckt wird, und aus sonstigen Wirksamkeitsvoraussetzungen. Sie lösen eine Rechtsfolge aus. Die meisten RG sind an keine Form gebunden, d.h. sie können sowohl schriftlich als auch mündlich oder durch Gesten (konkludent) erfolgen. Es gibt aber auch RG mit Formvorgaben. Im BGB sind die allgemeinen Vorschriften über RG in den §§ 104–185 BGB geregelt.

Unterteilung der RG
Die RG lassen sich unterteilen in

- einseitige RG und
- mehrseitige RG.

Die einseitigen RG werden wieder unterteilt in

- nicht empfangsbedürftige, die wirksam werden, ohne einer Person zuzugehen
- empfangsbedürftige, die erst wirksam werden, wenn sie einem anderen zugehen.

Bei mehrseitigen RG spricht man i.d.R. auch von Verträgen. Sie werden unterteilt in

- einseitig verpflichtend, bei denen nur eine Vertragspartei zu einer Leistung verpflichtet ist, und
- mehrseitig verpflichtend, bei denen beide Seiten eine Verpflichtung eingehen.

Text erarbeiten

Um den Text zu verstehen, führen Sie bitte folgende Aufgaben durch:

- Visualisieren Sie die Inhalte des Textes in einem Mind Map.
- Tragen Sie folgende Rechtsgeschäfte in Ihr Schema ein:

Erbvertrag	Kündigung	Annahme
Kaufvertrag	Widerruf	Anfechtung
Werkvertrag	Schenkung	Mietvertrag
Bürgschaft	Testament	Mahnung
Angebot		

- Inwiefern sind Verpflichtungs- und Verfügungsgeschäfte Rechtsgeschäfte? (▶ s. bei Creifelds/Weber (2017) den Begriff *Verfügung (rechtsgeschäftliche)*
- Beschreiben Sie anhand von § 657 BGB und des oben stehenden Lesetextes, zu welcher Art von Rechtsgeschäften eine Auslobung gehört.

Mit dem BGB arbeiten

Suchen Sie Paragraphen im BGB, in denen einseitige und mehrseitige Rechtsgeschäfte geregelt sind.

Rechtsgeschäfte	Paragraph	Inhalt
Einseitige RG	▶ Beispiel: § 143 BGB ------- -------	Anfechtungserklärung
Mehrseitige RG	------- ------- -------	

5.2 Sprachübungen zur Nominalisierung und Verbalisierung

Für Juristen ist es eine Routinearbeit zu prüfen, ob Rechtsgeschäfte zustande kommen oder nicht (s. Kap. 7). Im BGB sind verschiedene Fälle geregelt, in denen Rechtsgeschäfte unwirksam/nichtig sind. Anhand der folgenden Auflistung werden Sprachübungen zur Nominalisierung und Verbalisierung durchgeführt.

Auflistung nichtiger Rechtsgeschäfte
Rechtsgeschäfte sind nichtig, wenn

a) geschäftsunfähige Personen beteiligt sind,
b) gegen bestehende Gesetze verstoßen wird,
c) gegen die guten Sitten gehandelt wird,
d) ein Vertrag mit einem Verstoß gegen gesetzliche Formvorschriften abgeschlossen wird,
e) mit beschränkt geschäftsfähigen Personen ohne Zustimmung des gesetzlichen Vertreters Rechtsgeschäfte abgeschlossen werden,
f) Willenserklärungen nur zum Schein abgegeben werden,
g) Willenserklärungen offensichtlich nicht ernst gemeint sind.

Nominalisierung und Verbalisierung
Sachverhalte kann man im Verbalstil oder im Nominalstil darstellen. Sogenannte Nominalphrasen bestehen dann häufig aus einer Präposition (Signalwort) und einem Nomen (oder einer Präposition und einer Nominalphrase). Der Verbalstil zeichnet sich dadurch aus, dass relativ viele Verben benutzt werden.

Beispiel für eine Präpositionalphrase:

> Die Anfechtung erfolgt durch Erklärung gegenüber dem Anfechtungsgegner. (§ 143 BGB)

In dem Beispiel ist ein Teil des Satzes, eine Präpositionalphrase, unterstrichen. Bei dieser Phrase handelt es sich um eine Wortgruppe, deren Bedeutung von einer vorangestellten Präposition und einer folgenden Nominalphrase getragen werden. Ihre inhaltliche Funktion im Satz wird häufig durch die Präposition angegeben, im obigen Beispiel ist dies „durch". Wichtig für das Verständnis eines Satzes ist es, die Bedeutung dieser Präpositionen zu kennen.

Nominalphrasen werden in der Wissenschaft häufig verwendet, weil Nomen als Fachbegriffe verwendet werden und bestimmte, oft historisch gewachsene Bedeutungen speichern.

Die Überführung in einen Verbalstil kann dadurch erfolgen, dass die Präposition (durch) durch eine Konjunktion ersetzt wird, die einen Satz (i.d.R. einen Nebensatz) einleitet, in dem ein zusätzliches Verb erforderlich ist. Dadurch entsteht der Verbalstil. Aus der Präpositionalphrase, die kein Verb enthält, wird also ein Nebensatz mit einem Verb (Verbalstil). Im obigen Beispiel müsste der Satz dann heißen:

> Die Anfechtung erfolgt, indem eine Erklärung gegenüber dem Anfechtungsgegner abgegeben wird. (Hauptsatz + Modalsatz)

Die Überführung in einen Nominalstil verläuft in umgekehrter Weise.

Wortschatz zu Nomen-Verb-Verbindungen üben
Eine Vorübung, aus einem Nebensatz eine Präpositionalphrase zu bilden, besteht darin, aus Verben (des Nebensatzes) ein Nomen (der Nominalphrase) zu bilden.

Bilden Sie aus folgenden Verben ein Nomen und fügen Sie ein passendes Verb hinzu, sodass eine Nomen-Verb-Verbindung entsteht.

Verb	Nomen + Verben
1. erklären	-e Erklärung,-en abgeben/widerrufen/ …
2. anbieten	
3. annehmen	
4. anfechten	
5. wirksam sein	
6. kündigen	

(Lösungsvorschläge in Anhang 2)

Nominalphrasen umwandeln

Wandeln Sie die Nominalphrase in den folgenden Normen in einen Nebensatz um (Vorlage online). Dazu sind folgende Schritte notwendig:

- Identifizieren Sie die Nominalphrase.
- Ersetzen Sie die Präposition der Nominalphrase durch eine Konjunktion.
- Wandeln Sie nun die **Nominalphrase** in einen Nebensatz um (s.a. Kapitel 2).

Hauptsatz (mit Nominalphrase)	Hauptsatz + Nebensatz
1 **Bei der Auslegung einer Willenserklärung** ist der wirkliche Wille zu erforschen. (§ 133 BGB)	1 **Wenn eine Willenserklärung ausgelegt wird**, ist der wirkliche Wille zu erforschen.
2 Die Vollmacht ist auch bei dem Fortbestehen des Rechtsverhältnisses widerruflich. (§ 168 BGB)	2
3 Bei einem einseitigen Rechtsgeschäft ist Vertretung ohne Vertretungsmacht unzulässig. (§ 180 S. 1 BGB)	3
4 Die Verjährung kann bei Haftung wegen Vorsatzes nicht im Voraus durch Rechtsgeschäft erleichtert werden. (§ 202 Abs. 1 BGB)	4
5 Die Frist beginnt mit der Entdeckung des Irrtums. (§ 1317 S. 2 BGB)	5
6 Der Ehegatte kann nach dem Wegfall der Geschäftsunfähigkeit den Antrag stellen. (§ 1317 Abs. 2 BGB, abgewandelt)	6

(Lösungen in Anhang 3)

Nebensätze in Nominalphrasen umwandeln

Bei der vorigen Übung haben Sie Präpositionalphrasen in Nebensätze umgewandelt. Bei der folgenden Übung sollen Sie umgekehrt Nebensätze in Präpositionalphrasen umwandeln. Nominalisieren Sie die Beispiele für nichtige Rechtsgeschäfte, die oben angeführt sind. Gehen Sie dabei in folgenden Schritten vor:

- Verwenden Sie statt der Konjunktion „wenn" die entsprechende Präposition des Nebensatzes, um eine Nominalphrase zu bilden (s.a. Kapitel 2).
- Bilden Sie aus dem Nebensatz eine Nominalphrase.

Beispiel zu a) Rechtsgeschäfte sind bei Beteiligung von geschäftsunfähigen Personen nichtig.

(Lösungen in Anhang 4)

Wiederholungs- und Kontrollaufgaben

Beantworten Sie folgende Fragen:

a) Was versteht man unter einem Rechtsgeschäft?
b) Welche Arten von Rechtsgeschäften werden unterschieden? Nennen Sie jeweils Beispiele hierzu.
c) Wann ist ein Rechtsgeschäft nichtig?
d) Was ist eine Nominalphrase?
e) Was versteht man unter dem Verbalstil?

(Lösungen in Anhang 5)

Vertiefungshinweise

Klunzinger, E. (2013): *Einführung in das Bürgerliche Recht*, S. 78, 91–96.

Hilgendorf, E. & Jünger, S. (2008): *dtv-Atlas Recht, Band 2, Verwaltungsrecht, Zivilrecht*, S. 313–315.

Brox, H. & Walker, W.-D. (2018): *Allgemeiner Teil des BGB*, S. 49–50.

Köhler, H. (2018): *BGB Allgemeiner Teil*, S. 37–40.

Wörlen, R. & Metzler-Müller, K. (2016): *BGB AT, mit Einführung in das Recht*, S. 66.

Anhang 1 Mind Map: Arten von Rechtsgeschäften

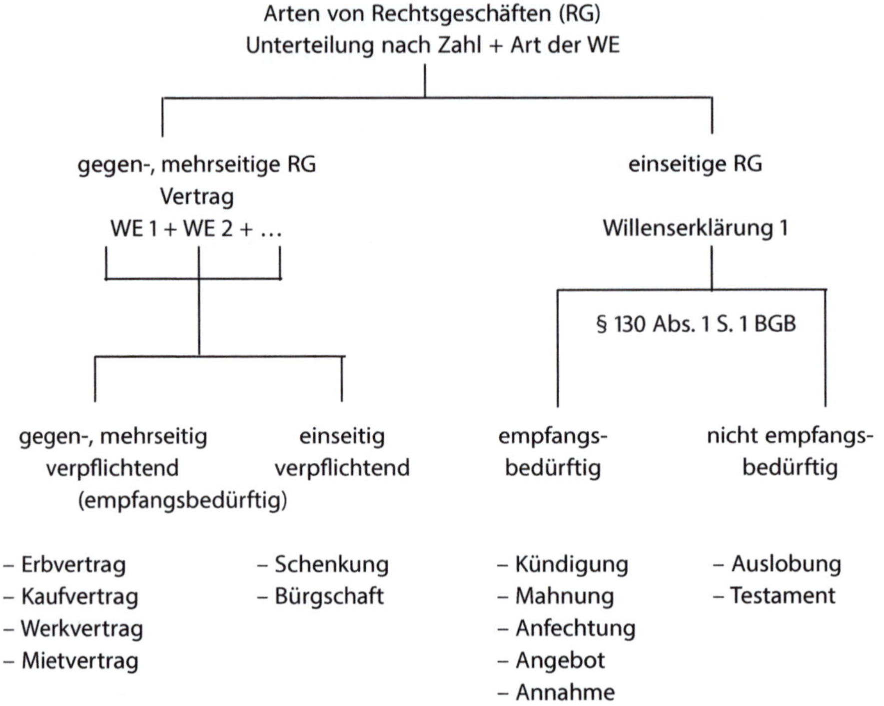

- Erbvertrag
- Kaufvertrag
- Werkvertrag
- Mietvertrag

- Schenkung
- Bürgschaft

- Kündigung
- Mahnung
- Anfechtung
- Angebot
- Annahme

- Auslobung
- Testament

Anhang 2 Wortschatz zu Nomen-Verb-Verbindungen

Zu 2) -s Angebot, -e abgeben / widerrufen /
Zu 3) -e Annahme, -n verweigern / erklären / widerrufen /
Zu 4) -e Anfechtung, -en erklären
Zu 5) -e Wirksamkeit prüfen
Zu 6) -e Kündigung, -en erklären

Anhang 3 Umwandlung von Nominalphrasen

Zu 2) Die Vollmacht ist auch widerruflich, wenn die Rechtsverhältnisse fortbestehen.

Zu 3) Wenn ein einseitiges Rechtsgeschäft vorliegt, ist Vertretung ohne Vertretungsmacht unzulässig.

Zu 4) Wenn eine Haftung vorliegt, weil Vorsatz nachgewiesen wurde, kann die Verjährung nicht im Voraus erleichtert werden, indem ein Rechtsgeschäft vorgenommen wird.

Zu 5) Sobald der Irrtum entdeckt ist, beginnt die Frist.

Zu 6) Der Ehegatte kann den Antrag stellen, nachdem die Geschäftsunfähigkeit weggefallen ist.

Anhang 4 Übung zur Nominalisierung

Rechtsgeschäfte sind …

b) … bei Verstoß gegen bestehende Gesetze …
c) … bei Handlungen gegen die guten Sitten …
d) … bei Abschluss eines Vertrages mit einem Verstoß gegen gesetzliche Formvorschriften …
e) … bei einem Abschluss von Rechtsgeschäften mit beschränkt geschäftsfähigen Personen ohne Zustimmung des gesetzlichen Vertreters …
f) … bei nur zum Schein abgegebenen Willenserklärungen …
g) … bei offensichtlich nicht ernst gemeinten Willenserklärungen …

… nichtig.

Anhang 5 Lösungen zu den Wiederholungs- und Kontrollfragen

a) Begriff des Rechtsgeschäfts (RG):
Ein RG ist ein rechtlicher Tatbestand. Es besteht aus einer oder mehreren Willenserklärungen, mit denen ein bestimmter Erfolg bezweckt wird, und aus sonstigen Wirksamkeitsvoraussetzungen. Sie lösen eine Rechtsfolge aus.

b) Arten von Rechtsgeschäften plus Beispiel:
Es werden einseitige RG, z.B. Kündigung, und mehrseitige RG, z.B. Vertrag unterschieden. Die einseitigen RG werden unterteilt in nicht empfangsbedürftige, z.B. Testament und empfangsbedürftige, z.B. Angebot. Die mehrseitigen RG werden unterteilt in einseitig verpflichtend, z.B. Schenkung, und mehrseitig verpflichtend, z.B. Vertrag.

c) Nichtigkeit eines RG:
Ein RG ist nichtig, wenn z.B. §§ 117, 118 BGB vorliegen, wenn das RG gegen Formvorschriften, z.B. nach §§ 311b Abs. 1 S. 1, 125 S. 1 BGB verstößt oder geschäftsunfähige Personen iSv. §§ 104, 105 BGB an einem RG beteiligt sind oder wenn das RG gegen §§ 134, 138 BGB verstößt.

d) Begriff der Präpositionalphrase: s. Erläuterungen, die im Kapitel stehen

e) Begriff des Verbalstils: s. Erläuterung, die im Kapitel stehen

6. Die Willenserklärung

In diesem Kapitel lernen Sie ...
fachlich, • was man unter einer Willenserklärung versteht, • Willenserklärungen anhand von Fällen zu prüfen, • wann eine Willenserklärung wirksam wird. hinsichtlich Methodik und Lernstrategien, • wie man Satzstrukturen von Gesetzestexten analysiert. sprachlich, • Nomen-Verb-Verbindungen zu bilden, • Attribute in Relativsätze umzuwandeln.

In Kapitel 5 wurde bereits deutlich, dass bei Rechtsgeschäften die Willenserklärung eine zentrale Rolle spielt. In Kapitel 6.1 steht deshalb der Begriff der Willenserklärung im Mittelpunkt. Die Prüfung, ob bei einer Äußerung eine Willenserklärung vorliegt und die Bedingungen, unter denen eine Willenserklärung wirksam wird, folgen in den Kapiteln 6.2 und 6.4. Zur praktischen Anwendung sind im Kapitel 6.3 eine Reihe von Fällen eingeschoben, die bearbeitet werden sollen.

6.1 Definition der Willenserklärung (WE)

Bei der allgemeinen Definition von Rechtsgeschäften spielte der Begriff der WE bereits eine Rolle. Er ist der grundlegende Baustein von Rechtsgeschäften, z.B. für das Zustandekommen von Verträgen.

Lesen Teil 1

Lesen Sie den folgenden Text zum Thema WE.

Die Willenserklärung

Rechtsgeschäfte kommen durch WE zustande. Jedes Rechtsgeschäft besteht aus mindestens einer WE. Bei einseitigen Rechtsgeschäften gibt es lediglich eine WE. Beispiele dafür sind eine Kündigung oder eine Mahnung (s. Kap. 5.1). Bei mehrseitigen Rechtsgeschäften, z.B. den Verträgen, sind mindestens zwei WE notwendig. Beispiele dafür sind der Erbvertrag oder ein Mietvertrag. Die zentrale Frage besteht darin, was man unter einer WE versteht.

Definition
Unter einer WE versteht man eine private Willensäußerung, die unmittelbar auf das Herbeiführen einer Rechtsfolge gerichtet ist. Die WE besteht aus einem subjektiv gewollten und einem objektiv erklärten Tatbestand. Um zu prüfen, ob eine WE vorliegt, müssen alle Tatbestände einzeln geprüft werden.

Erläuterung
Wichtig ist zu verstehen, dass eine Person die Willensäußerung privat abgibt und dabei eine rechtliche Folge herbeiführen will (Rechtsbindungswille). Jede Person, die einen Vertrag abschließt, gibt eine WE ab, etwa in Form eines Angebots auf einen Vertragsabschluss oder einer Annahme.

Bestandteile
Bei rechtlichen Streitigkeiten stellt sich dann grundsätzlich die Frage, ob überhaupt eine WE vorliegt oder nicht und somit Rechtsfolgen eintreten oder nicht. Um diese Fragen zu beantworten ist es notwendig, die Bestandteile der WE auf ihre rechtliche Wirksamkeit zu prüfen. Man unterscheidet grundsätzlich zwischen einem äußeren, objektiven Tatbestand und einem inneren, dem subjektiven Tatbestand. Was nämlich äußerlich erklärt ist, muss nicht auch unbedingt von der Person gewollt sein.
Das Fehlen der einzelnen Bestandteile hat unterschiedliche Folgen.

Text bearbeiten

Bearbeiten Sie folgende Aufgaben:

1. In welchem Verhältnis stehen Rechtsgeschäft, Rechtshandlung, WE und Realakt zueinander? Erläutern Sie die Unterschiede am Beispiel eines Kaufvertrages. Eine Hilfe bei der Beantwortung bietet z.B. Creifelds, C. & Weber, K. (2017).
2. Nennen Sie Beispiele aus Ihrem Lebensalltag, in denen eine WE eine Rolle spielt.

Lesen Teil 2

Die Bestandteile einer WE

Äußerer Tatbestand

Der Wille, eine Rechtsfolge herbeizuführen, muss nach außen in einer Erklärung für einen Empfänger in Erscheinung treten. Diese Äußerung kann ausdrücklich, konkludent oder durch Schweigen erfolgen.

Innerer Tatbestand

Während es bei dem äußeren Tatbestand um das Erklärte geht, bezeichnet der innere (subjektive) Tatbestand das Gewollte oder den Willen. Der subjektive Tatbestand lässt sich in den Handlungswillen, das Erklärungsbewusstsein und Geschäftswillen unterteilen. Wichtig bei einer Fallauslegung ist es, jeden Bestandteil daraufhin zu prüfen, ob er gegeben ist oder nicht.

Der Handlungswille

Ein Handlungswille liegt vor, wenn eine Person das Bewusstsein und den Willen hatte, eine Erklärung abzugeben.

Das Erklärungsbewusstsein

Ein Erklärungsbewusstsein liegt vor, wenn die erklärende Person das Bewusstsein hat, dass ihre Erklärung irgendeine Rechtsfolge hat.

Der Geschäftswille

Ein Geschäftswille wird als gegeben angenommen, wenn die Person, die eine nach außen feststellbare Erklärung abgegeben hat, diese damit verbundene ganz bestimmte Rechtsfolge auch gewollt hat.

Mind Map erstellen

Stellen Sie die Bestandteile einer Willenserklärung in einer einfachen graphischen Übersicht dar.

6.2 Sprachübungen zu Nomen-Verb-Verbindungen und Relativsätzen

Viele Fachbegriffe sind häufig mit einem bestimmten Verb verbunden (s.a. Kapitel 5).

Beispiel: Ein Gesetz erlassen/anwenden/reformieren/ratifizieren…

Lernhinweis: Legen Sie eine Liste von Nomen-Verb-Verbindungen an, die Ihnen begegnen.

Wortschatz erweitern

Vervollständigen Sie die folgenden Sätze durch ein passendes Verb (Vorlage online).

a	Das Testament muss durch eine eigenhändig geschriebene und unterschriebene Erklärung ……………………………… ……………………………………………………………	z.B.:
		übereinstimmen
b	Im Unterschied zur Beglaubigung ……………………………… die notarielle Beurkundung den gesamten Inhalt der Urkunde.	errichten
c	…………………… die Schriftform für die Kündigung eines Mietverhältnisses nicht ………………………………………, so …………………… die Kündigung ……………………………	nichtig sein beglaubigen
d	Die Willenserklärungen müssen inhaltlich …………………………………	abfassen einhalten
e	Eine Formvereinbarung kann von den Parteien jederzeit …………………………………	erfassen
f	Eine öffentliche Beglaubigung verlangt, dass die Erklärung schriftlich ……………………………………… und die Unterschrift des Erklärenden von einem Notar ………………………………………………	aufheben

Attribute
In der juristischen Fachsprache werden häufig Attribute verwendet, die für einen Deutschlerner schwer verständlich sind. Bei dem Verstehen kann es helfen, die Attribute in einen Attributsatz (Relativsatz) umzuwandeln.

Beispiel: Das (vor sieben Jahren abgefasste) Testament …
Das Testament, das vor sieben Jahren abgefasst wurde, …

Relativsätze bilden

Markieren Sie in den folgenden Sätzen die Attribute. Wandeln Sie dann die Attribute in einen Attributsatz (Relativsatz) um (Vorlage online).

Hauptsatz mit Attribut	Hauptsatz, Relativsatz
1 Ein Vertrag ist ein <u>aus mehreren Willenserklärungen bestehendes</u> Rechtsgeschäft.	1 Ein Vertrag ist ein bestehendes Rechtsgeschäft, das aus mehreren Willenserklärungen besteht.
2 Eine Willenserklärung ist eine auf die Erzielung einer Rechtsfolge gerichtete private Willensäußerung.	
3 Ein gegen ein gesetzliches Verbot oder gegen die guten Sitten verstoßender Vertrag ist nichtig.	
4 Nur bei einer auf freier Selbstgestaltung jedes Einzelnen beruhenden Einigung der Beteiligten, d.h. bei einem Vertrag, erkennt das Gesetz die Selbstgestaltung als verbindlich an.	
5 Ein Rechtsgeschäft ist ein aus mindestens einer Willenserklärung sowie oft aus weiteren Elementen bestehender Tatbestand, an den die Rechtsordnung den Eintritt des gewollten rechtlichen Erfolges knüpft.	
6 Beschlüsse sind gegenüber dem Leiter einer Personenvereinigung parallel abgegebene gleichgerichtete Willenserklärungen.	

6.3 Die Prüfung einer Willenserklärung

Im vorigen Kapitel wurde behandelt, was eine WE ist und welche Bestandteile sie hat. Für einen Juristen ist die Frage wichtig, ob bei einer Äußerung überhaupt eine WE vorliegt. Erst dann kommt nämlich eine Rechtsfolge zustande. Um zu prüfen, ob eine WE vorliegt, muss jeder Bestandteil einer WE geprüft werden.

1. Schritt: Die Prüfung des objektiven Tatbestands
Es gilt zu prüfen, ob ein Verhalten vorliegt, durch das eine Rechtsfolge herbeigeführt werden sollte. Dieses Verhalten kann ausdrücklich, konkludent oder durch Schweigen erfolgt sein. Bei der Prüfung fragt man sich, ob sich für einen unbeteiligten (objektiven) Dritten das Verhalten des Erklärenden als die Äußerung eines Rechtsfolgewillens darstellt.

▶ **Hinweis:** Fehlt der objektive Tatbestand einer WE, so liegt keine WE vor.

2. Schritt: Prüfung der subjektiven Tatbestände
Schwierig gestaltet sich eine Prüfung, wenn zwar der objektive Tatbestand einer WE vorliegt, es aber nicht sicher ist, ob die erklärende Person etwas anderes beabsichtigte.

a) Prüfung des Handlungswillens
Ein Handlungswille fehlt z.B. bei unwiderstehlicher Gewalt (vis absoluta) oder bei Hypnose.

▶ **Hinweis:** Fehlt ein Handlungswille, liegt keine Willenserklärung vor.

b) Prüfung des Erklärungsbewusstseins
Wegen der schwierigen Prüfung wird die Prüfung des Erklärungsbewusstseins im Anschluss unter „2. Schritt, b)“ behandelt.

c) Prüfung des Geschäftswillens
Beim Handlungswillen war zu prüfen, ob überhaupt ein Handlungswille vorlag und die erklärende Person wusste, dass irgendeine Rechtsfolge damit verbunden war. Es kann aber sein, dass diese Person nicht diese bestimmte Rechtsfolge wollte, die geprüft werden soll. In diesem Fall fehlt der Geschäftswille.

▶ **Hinweis:** Fehlt der Geschäftswille, so liegt trotzdem eine WE vor. Irrt sich also eine Person in der bewirkten Rechtsfolge, so bleibt die WE wirksam. Hier besteht aber nach § 119 BGB die Möglichkeit einer Anfechtung.

In der Praxis werden nur die Bestandteile einer WE geprüft, die im konkreten Fall ein Problem darstellen.

(Schema zur Prüfung einer WE in Anhang 1)

Fall 1 bearbeiten

Franz Obermeir (F.O.), 51, möchte gerne das Rennrad seines schwer erkrankten Vaters, 73, geschenkt haben, weil er Angst hat, dass sein Bruder Josef es im Falle des Todes seines Vaters erben könnte.

Prüfen und begründen Sie, ob in den vorliegenden Varianten ein Handlungswille seitens des Vaters vorliegt oder nicht.

Situation	Ja	Nein	Begründung
Der Vater nimmt morphiumhaltige Schmerztabletten. F.O. legt seinem Vater einen Schenkungsvertrag vor, den der Vater unterschreibt.			
F.O. argumentiert, dass sein Bruder Josef doch schon die Schallplattensammlung erhalten hat. Daraufhin schenkt ihm der Vater im Beisein seiner Frau das Rennrad.			
F.O. behauptet gegenüber seinem Bruder, dass der Vater ihm das Rennrad geschenkt hat und führt als Zeugen seinen 14-jährigen Sohn an.			

Fall 2 bearbeiten

Ermitteln Sie, welche Handlungen im folgenden Fall zu unterscheiden sind und prüfen Sie, ob jeweils eine WE vorliegt oder nicht.

Uwe Grabolle geht in den Selbstbedienungsladen von Franziska Tepe, um dort Obst zu kaufen. Das Obst befindet sich in einem Obstregal. Uwe Grabolle nimmt sich zwei Äpfel und drei Bananen aus dem Regal und geht damit zur Kasse. Er legt das Obst auf das Band an der Kasse. Die Kassiererin Viktoria van Eupen wiegt das Obst, und Uwe Grabolle bezahlt.

(Lösung in Anhang 2)

Rechtsquelle bearbeiten

In den Paragraphen 116 bis 118 sowie 119 in Verbindung mit 142 Abs. 1 des BGB geht es um die Nichtigkeit von WE. Überlegen Sie, welcher Bestandteil einer WE angesprochen wird und evtl. zur Nichtigkeit führt.

(Lösung in Anhang 3)

2. Schritt, b): Die Prüfung des Erklärungsbewusstseins

Es gibt Situationen, in denen ein Erklärungsbewusstsein fehlt.

Beispiele:
- Eine Person weiß nicht, dass ihre Erklärung rechtliche Folgen hat
- Sie wollte keine Erklärung abgeben, die eine rechtliche Bedeutung hat.

Andererseits kann der Empfänger einer Erklärung nicht wissen, ob die erklärende Person ein Bewusstsein davon hat, eine rechtlich relevante Erklärung abzugeben.

Um nun zu entscheiden, ob trotz fehlenden Erklärungsbewusstseins eine WE vorliegt oder nicht, hat der Bundesgerichtshof die folgende Entscheidung getroffen:

Entscheidung des Bundesgerichtshofs (BGH) lesen

Trotz fehlenden Erklärungsbewusstseins (Rechtsbindungswillen, Geschäftswillens) liegt eine WE vor, wenn der Erklärende bei Anwendung der im Verkehr erforderlichen Sorgfalt hätte erkennen und vermeiden können, dass seine Äußerung nach Treu und Glauben und der Verkehrssitte als WE aufgefasst werden durfte, und wenn der Empfänger sie auch tatsächlich so verstanden hat. Sie kann gemäß §§ 119, 121, 143 BGB angefochten werden.

BGHZ 91, 324 – Willenserklärung ohne Erklärungsbewusstsein

Text bearbeiten

Inwiefern handelt es sich bei der Entscheidung des Bundesgerichtshofes (BGH) sprachlich um die Struktur einer Norm? (s.a. Kapitel 2)

Analyse des Textes

1. Schritt: Darstellung der Satzstruktur
Tragen Sie in das folgende Satzschema die Inhalte aus BGHZ 91, 324 ein (Vorlage online):

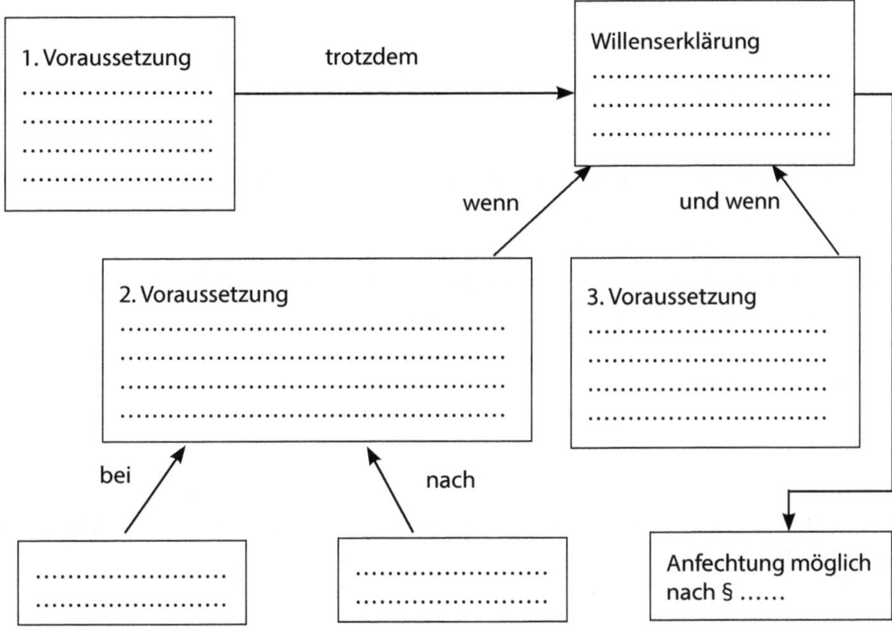

Zwischenergebnis: Anhand dieser Skizze erhalten Sie einen Überblick über die inhaltliche Struktur des Satzes.

2. Schritt: Analyse des Nebensatzes
Das zweite Tatbestandsmerkmal kann man auf folgenden Satzkern reduzieren:

> … wenn der Erklärende hätte erkennen und vermeiden können, dass seine Äußerung als Willenserklärung aufgefasst werden durfte.

Welche juristische Bedeutung haben die folgenden Satzteile, die im Original zusätzlich enthalten sind? Auf welche §§ des BGB beziehen Sie sich?

a) „… bei Anwendung der im Verkehr erforderlichen Sorgfalt …"
b) „… nach Treu und Glauben und der Verkehrssitte …"

Zwischenergebnis: s. Anhang 4

3. Schritt: Veranschaulichung durch ein Beispiel

Veranschaulichen Sie die Entscheidung des BGH durch ein Beispiel.

Aufgaben zur Willenserklärung

In Äußerungen Bestandteile einer WE ermitteln

Welche Bestandteile einer WE sind in den folgenden Äußerungen enthalten?

> Eigentlich wollte ich das Auto nicht kaufen. Ich hatte den Verkäufer so verstanden, dass ich mir mit meiner Unterschrift nur eine Option auf das Auto sicherstelle. Ich musste ja noch meine Frau fragen, die aber im Urlaub war. Dass sie ihren Liebhaber mitgenommen hatte, wusste ich da ja nicht. Und jetzt möchte ich das Auto auch gar nicht mehr.

(Lösung in Anhang 5)

Definition von WE anwenden

Handelt es sich bei einer Kündigung, einer Mahnung, einer Anfechtung jeweils um eine WE?

Rechtshandlung	Ja/Nein	Begründung
Kündigung		
Mahnung		
Anfechtung		

(Lösung in Anhang 6)

Schreiben

Erläutern Sie die Bausteine einer WE anhand konkreter Beispiele aus dem Leben.

6.4 Fälle bearbeiten

Im Folgenden geht es für Sie darum zu prüfen, ob eine WE vorliegt oder nicht. Gehen Sie in folgenden Schritten vor:

- Lesen Sie die folgenden Sachverhalte.
- Bilden Sie eine Dreiergruppe und prüfen Sie, ob alle Voraussetzungen für das Vorliegen einer WE erfüllt sind. Nutzen Sie auch die Übersicht aus Anhang 2.
- Begründen Sie Ihre Entscheidungen in der Gruppe und vergleichen Sie Ihre Ergebnisse im Kurs.
- Erörtern Sie anschließend im Plenum Ihre Probleme und Fragen.

Fall 3 bearbeiten

Marita Breuer erwägt seit langem den Ankauf eines Gemäldes. Sie verfasst ein Angebotsschreiben an den Galeristen, überlegt es sich aber im letzten Moment anders und lässt das Schreiben auf ihrem Schreibtisch liegen. Dort findet es die Putzfrau und bringt den Brief zum Briefkasten. Der kommt am nächsten Tag mit dem Gemälde bei Marita Breuer vorbei und verlangt die Zahlung des Kaufpreises, was Marita Breuer ablehnt.

Liegt eine WE von Marita Breuer vor?

(Lösung in Anhang 7)

Fall 4 bearbeiten

Franz Mehring (F.M.) fährt in einem EC nach Hamburg und fragt Günther Heinrichs (G.H.), der im gleichen Abteil sitzt, ob dieser auf seinen Computer aufpassen könne, weil er auf Toilette gehe. G.H. sagt den Gefallen zu. Unmittelbar danach erreichen sie aber Bremen, und der Zug hält. G.H. steigt aus. Während sich F.M. noch auf der Toilette aufhält, wird sein Computer geklaut.

Ist das Einverständnis von Günther Heinrichs eine WE?

Fall 5 bearbeiten

Marita Breuer sieht im Schaufenster eines Modegeschäftes ein schönes Oberhemd, das ihrem Mann gut stehen würde. Sie geht hinein und sagt zum Verkäufer: „Ich nehme das Oberhemd. Packen Sie es mir bitte gleich ein."

Ist die Ausstellung des Oberhemdes im Schaufenster eine WE? Möchte sich der Verkäufer rechtlich binden, wenn er eine Ware ausstellt?

Fall 6 bearbeiten

Frank Wennemann hat Geburtstag und lädt einige Freunde zum Essen in ein Gourmetrestaurant ein. Er bestellt für jeden, der zugesagt hat, ein mehrgängiges Menü. Nun zerstreitet er sich kurz vor dem Essen mit Emil Radek, der daraufhin nicht zum Essen kommt, ohne abzusagen.

Wer trägt die Kosten des Essens von Emil Radek?

6.5 Das Wirksamwerden einer Willenserklärung

Sie wissen jetzt, was eine WE ist (Kap. 5.2) und wie man prüft, ob tatsächlich eine WE vorliegt (Kap. 6.2). Wenn Sie zu dem Schluss gekommen sind, dass eine WE vorliegt, so heißt es noch nicht in jedem Fall, dass die WE auch wirksam wird und eine Rechtsfolge hat. Zwar werden einseitige, nicht empfangsbedürftige WE mit der Fertigstellung des Dokuments wirksam (z.B. ein Testament oder eine Auslobung); alle anderen Arten von Rechtsgeschäften (einseitig empfangsbedürftige und mehrseitige) müssen aber einem Empfänger zugehen, um wirksam zu werden.

Terminologie
Zwei Formen von WE, die beim Zustandekommen eines Vertrages eine Rolle spielen, sind das **Angebot** (Antrag/Offerte) und die **Annahme** des Angebots (Akzept). Beide, das Angebot und die Annahme, bedürfen einer **Abgabe** und eines **Zugangs**.

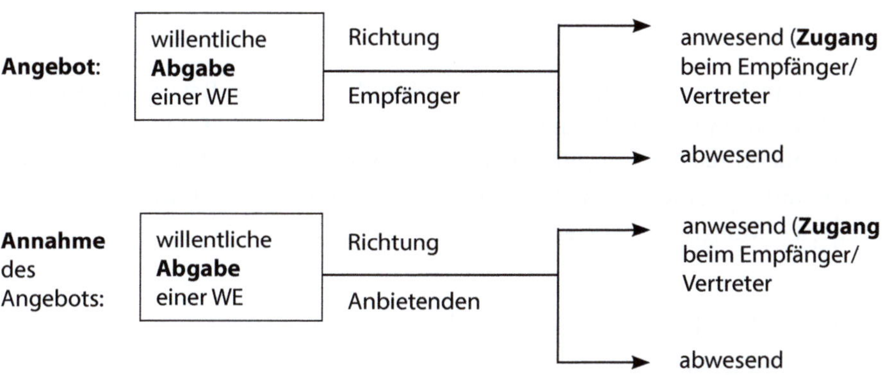

Um zu prüfen, ob eine WE wirksam wird, muss man also die Abgabe und den Zugang zweimal prüfen, einmal bei dem Angebot des Antragenden, zum anderen bei der Annahme des Empfängers.

§ 130 BGB

Die Rechtsquelle bearbeiten

- Lesen Sie § 130 BGB.
- Arbeiten Sie die Tatbestandsmerkmale und die Rechtsfolge von § 130 Abs. 1 S. 1 heraus.
- Erklären Sie, wann eine WE gegenüber Abwesenden wirksam wird.
- Die Bedingungen für das Wirksamwerden einer WE gegenüber Anwesenden sind im BGB nicht geregelt. Erklären Sie, wann eine WE gegenüber Anwesenden wirksam wird.

Fall 7 bearbeiten

Gianmaria Scalon (G.S.) hat ein schriftliches Vertragsangebot erstellt. Er schickt es jedoch nicht ab, weil er es noch überarbeiten will. Putzfrau Paulina nimmt das auf dem Schreibtisch von G.S. liegende Vertragsangebot, steckt es in einen Umschlag und schickt es in der Annahme ab, G.S. habe dies vergessen.

Frage: Liegt eine Abgabe vor? Ist ein Vertrag zustande gekommen?

(Lösung in Anhang 8)

Fall 8 bearbeiten

Der Kaufmann Frederico Manzoni hat der Kauffrau Sabine Beyer angeboten, für ihn „bis einschließlich Freitag auf Abruf" 120 Bürostühle zu reservieren. Am Freitagabend nach Büroschluss wird die von Sabine Beyer bereits am Donnerstagnachmittag unterzeichnete Annahmeerklärung in den Bürobriefkasten von Frederico Manzoni geworfen.

Frage: Ist ein Vertrag zustande gekommen?

(Lösung in Anhang 9)

Fall 9 bearbeiten

Marlene Dietrichsen hat einen Mietvertrag abgeschlossen. Zwei Tage später überlegt sie es sich jedoch anders und widerruft ihre Erklärung.

Frage: Ist der Mietvertrag wirksam?

(Lösung in Anhang 10)

Wiederholungs- und Kontrollfragen

Beantworten Sie folgende Fragen:

a) Was versteht man unter einer WE?
b) Welches sind die Bestandteile einer WE?
c) Wie kann eine WE nach außen hin ausgedrückt werden?
d) In welchen Fällen fehlt der Handlungswille? Was ist die Folge bei fehlendem Handlungswillen?
e) Was macht man mit einer Erklärung, wenn sie nicht eindeutig erklärt worden ist?
f) Ist das Erklärungsbewusstsein ein zwingender Bestandteil der WE?
g) Ist der Geschäftswille ein zwingender Bestandteil der WE?
h) Was versteht man unter dem Wirksamwerden einer WE?
i) Was versteht man unter Abgabe; wann ist eine WE zugegangen?
j) Welche Konjunktionen verwendet der Gesetzgeber, um Ausnahmeregelungen zu kennzeichnen?

(Lösungen s. Anhang 11)

Vertiefungshinweise

Klunzinger, E. (2013): *Einführung in das Bürgerliche Recht*, S. 78, 91–96.
Hilgendorf, E. & Jünger, S. (2008): *dtv-Atlas Recht, Band 2, Verwaltungsrecht, Zivilrecht*, S. 313–315.
Brox, H. & Walker, W.-D. (2018): *Allgemeiner Teil des BGB*, S. 49–50.
Köhler, H. (2018): *BGB Allgemeiner Teil*, S. 37–40.
Wörlen, R. & Metzler-Müller, K. (2016): *BGB AT, mit Einführung in das Recht*, S. 66.
Creifelds, C. & Weber, K. (2017): *Rechtswörterbuch*, S. 1567 ff.

Anhang 1 Abfolge der Prüfung einer Willenserklärung

Aus dieser Abfolge wird nur der Bestandteil geprüft, der im konkreten Fall auch ein Problem darstellt.

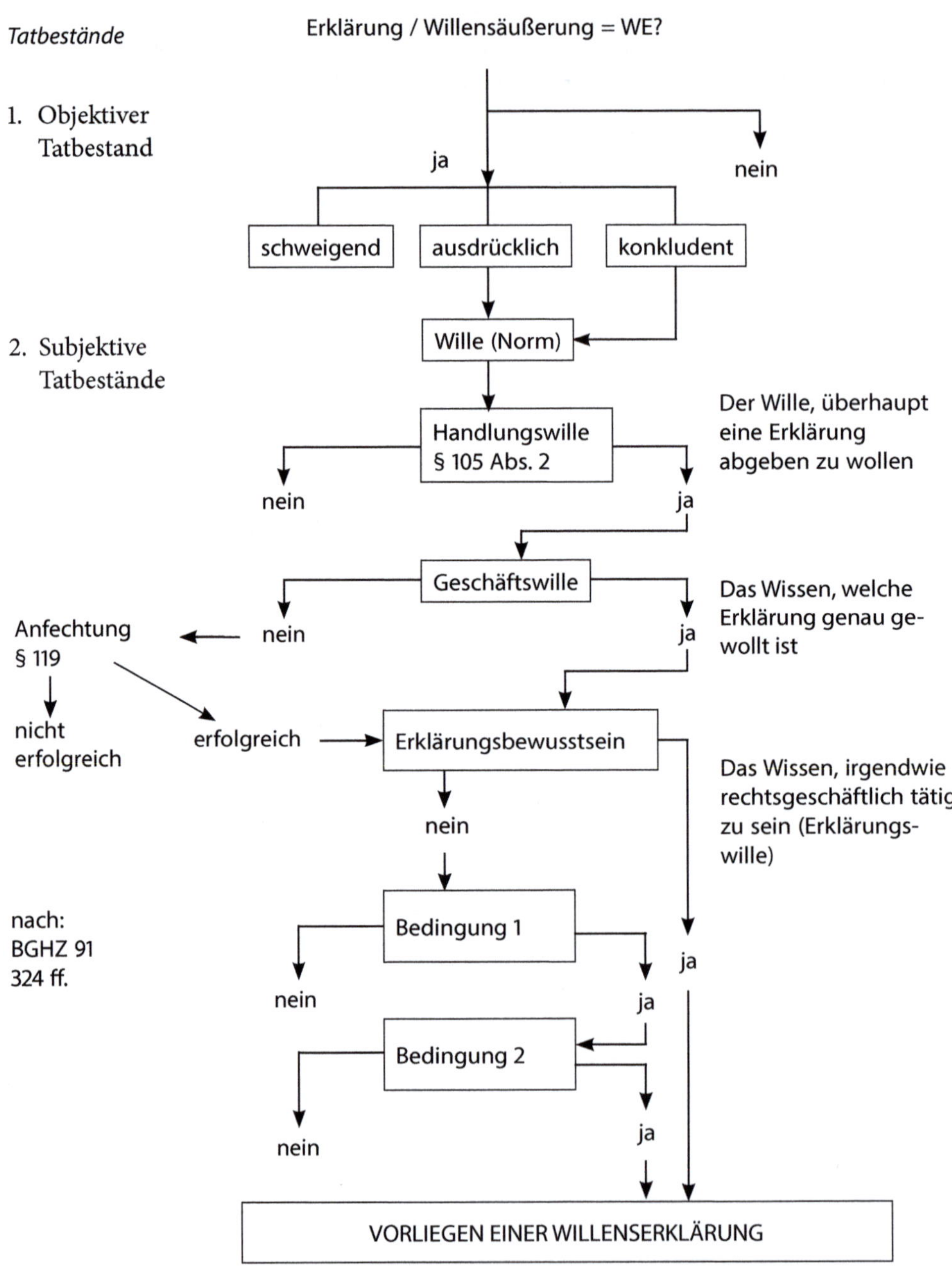

3. Weitere Voraussetzungen
- kein vorheriger oder gleichzeitiger Widerruf (§ 130 Abs. 1 S. 2 BGB)
- kein Erlöschen des Angebots (§§ 145 a.E., 146 ff., 153 a.E. BGB)

4. Inhaltliche Übereinstimmung

Anhang 2 Lösung zu Fall 2

Das Auslegen des Obstes im Obstregal stellt keine WE dar, da ein Rechtsbindungswille fehlt. Vielmehr liegt eine invitatio ad offerendum vor (Aufforderung zur Abgabe eines Angebots).

Das Herausnehmen von zwei Äpfeln und drei Bananen aus dem Regal durch Uwe Grabolle und das Abstellen auf das Kassenband und das Bezahlen stellt eine einheitliche WE dar.

Das Abwiegen des Obstes und das Eintippen der Ware in die Kasse von Seiten der Kassiererin Viktoria van Eupen stellt eine einheitliche WE dar.

Anhang 3 Rechtsquelle bearbeiten

§ 116 S. 1: angesprochener Bestandteil: Rechtsbindungswille. Der Rechtsbindungswille fehlt nicht, weil der Erklärungsempfänger schutzwürdig ist.

§ 116 S. 2: Der Rechtsbindungswille fehlt, da keine Partei schutzwürdig ist. Die WE ist damit nichtig.

§ 117 Abs. 1: Der Rechtsbindungswille fehlt, da ein Scheingeschäft vorliegt. Die WE ist damit nichtig.

§ 118: Der Rechtbindungswille fehlt, da der Erklärungsempfänger nicht schutzwürdig ist. Die WE ist damit nichtig.

§ 119: Der Geschäftswille fehlt. Trotzdem bleibt die WE bestehen, weil der Geschäftswille kein zwingender Bestandteil einer WE ist. Jedoch besteht die Möglichkeit der Anfechtung nach §§ 119 ff. BGB.
Eine wirksame Anfechtung führt nach § 142 Abs. 1 BGB zum Wegfall der abgegebenen WE und damit zur Nichtigkeit des Rechtsgeschäfts (ex tunc).

Anhang 4 Zwischenergebnis zur Satzanalyse

Zu a) Angesprochen wird hier Fahrlässigkeit. S. § 276 Abs. 2 BGB. bei: Bedingung (wenn)

Zu b) S. § 242 BGB. Hier werden moralisch-ethische Aspekte angesprochen, die juristisch i.d.R. keine Rolle spielen.

Anhang 5 Bestandteile einer WE ermitteln

In der Unterschrift des Käufers liegt für den Verkäufer der objektiv erklärte Tatbestand vor, d.h. der Käufer hat einen Handlungswillen, einen Rechtsbindungswillen und auch einen Geschäftswillen.

Der subjektiv gewollte Tatbestand liegt auch vor. Ein Handlungsbewusstsein und ein Erklärungsbewusstsein liegen vor. Fraglich ist, ob auch ein Geschäftswille vorliegt. Hier hat der Käufer den Verkäufer falsch verstanden. Dies führt jedoch nicht dazu, dass der Geschäftswille entfällt. Vielmehr fallen der objektive und der subjektive Tatbestand auseinander. Da der Geschäftswille kein zwingender Bestandteil der WE ist, bleibt somit die Existenz der WE bestehen. Das Auseinanderfallen des objektiven Tatbestandes vom subjektiven Tatbestand stellt einen Irrtum dar, der den Käufer zur Anfechtung nach §§ 119 ff. BGB berechtigt mit der Folge des Schadensersatzes nach § 122 BGB. Die Tatsache, dass die Frau ihren Liebhaber mit in den Urlaub genommen hatte und der Käufer damit das Interesse an dem Autokauf verloren hat, stellt nur einen unbeachtlichen Motivirrtum dar, der nicht zur Anfechtung berechtigt.

Von Seiten des Verkäufers liegt der objektive und subjektive Tatbestand der WE vor.

Anhang 6 Definition von WE anwenden

Die Kündigung ist eine WE, weil mit der Kündigung erklärt wird, dass ein Rechtsverhältnis beendet werden soll.

Die Mahnung ist keine WE, da die Folgen der Mahnung nicht aufgrund des Willens des Gläubigers eintreten, sondern durch das Gesetz bestimmt werden. Bei der Mahnung handelt es sich vielmehr um eine geschäftsähnliche Handlung; daher sind die Regelungen für WE nicht direkt auf die Mahnung anwendbar, sondern nur analog.

Die Anfechtung ist eine WE, da sie auf die Beendigung eines Rechtsverhältnisses gerichtet ist.

Anhang 7 Lösung zu Fall 3

Es fehlt am äußeren Tatbestand der Erklärung. Zwar hat Marita Breuer die WE vorbereitet, aber nicht in den Rechtsverkehr gegeben. Es fehlt an der Willensäußerung. Die Handlung der Putzfrau wiederum ist Marita Breuer nicht zurechenbar, da sie hierzu nicht bevollmächtigt war. Es liegt somit keine WE von Marita Breuer vor.

Anhang 8 Lösung zu Fall 7

Schickt ein Dritter (z.B. die Putzfrau) die Erklärung in der Annahme ab, der Erklärende habe dies vergessen, so liegt nach h.M. keine Abgabe vor, da die Erklärung dem Erklärenden abhanden gekommen ist. Der Erklärende hat das Schreiben nicht willentlich und bewusst auf den Weg gebracht. Durch eine solche Erklärung entsteht keine Bindungswirkung.

Anhang 9 Lösung zu Fall 8

Ein Vertrag ist nicht zustande gekommen. Frederico Manzoni hat ein Angebot gemacht, das seinem Inhalt nach bis Freitag befristet war, also nur innerhalb der Frist angenommen werden konnte (§ 148 BGB) und nach Ablauf der Frist erlosch (§ 148 BGB). Die Annahme musste Frau Beyer bis Freitag abgegeben haben. Die Tatsache, dass die Annahmeerklärung bereits am Donnerstag unterschrieben wurde, ist unerheblich. Hier hat Frau Beyer erst am Freitagabend nach Büroschluss die Annahmeerklärung in den Bürobriefkasten von Herrn Manzoni geworfen. Das reicht aber für ihr Wirksamwerden nicht aus; dafür ist vielmehr der Zugang erforderlich (§ 130 Abs. 1 BGB), und dieser ist erst am Freitag nach Büroschluss erfolgt, also zu einem Zeitpunkt, in dem Herr Manzoni bei geordnetem Geschäftsgang nicht mehr mit der Erklärung der Frau Beyer zu rechnen brauchte.

Anhang 10 Lösung zu Fall 9

Der Mietvertrag bleibt wirksam, weil der Widerruf der Erklärung nicht, wie in § 130 Abs. 1 S. 2 BGB gefordert, vor dem Unterschreiben des Mietvertrages oder gleichzeitig erfolgt ist.

Anhang 11 Lösungen zu Wiederholung- und Kontrollaufgaben

Zu a) Unter einer WE versteht man eine private Willensäußerung, die unmittelbar auf das Herbeiführen einer Rechtsfolge gerichtet ist.

Zu b) Eine WE besteht aus einem subjektiven (inneren) und objektiven (äußeren) Tatbestand. Um zu prüfen, ob eine WE vorliegt, müssen alle Tatbestände einzeln geprüft werden.

Zu c) Eine WE kann ausdrücklich, konkludent oder durch Schweigen erklärt werden.

Zu d) Ein Handlungswille fehlt z.B. bei unwiderstehlicher Gewalt (vis absoluta) oder Hypnose; fehlt der Handlungswille im objektiven Tatbestand, dann liegt keine WE vor.

Zu e) Bei der Prüfung einer WE fragt man sich, ob sich für einen unbeteiligten (objektiven) Dritten das Verhalten des Erklärenden als die Äußerung eines Rechtsfolgewillens darstellt. Ist die Erklärung nicht eindeutig, dann muss der wirkliche Wille erforscht werden. Dazu ist die Erklärung nach §§ 133, 157 BGB auszulegen. Die Auslegung einer WE erfolgt aus der Sicht eines objektiven Dritten in der Person des Erklärungsempfängers (objektiver Empfängerhorizont). Man fragt sich also, wie ein objektiver Dritter in der Person des Erklärenden die Erklärung hätte verstehen dürfen.

Zu f) Die Antwort ist umstritten. Nach dem BGH ist das Erklärungsbewusstsein kein zwingender Bestandteil einer WE, d.h. auch ohne Erklärungsbewusstsein liegt eine WE vor, wenn der Erklärende bei Anwendung der im Verkehr erforderlichen Sorgfalt hätte erkennen und auch vermeiden können, dass seine Äußerung nach Treu und Glauben und der Verkehrssitte als Willenserklärung aufgefasst werden durfte, und wenn der Empfänger sie auch tatsächlich so verstanden hat. Die WE kann dann gem. §§ 119, 121, 143 BGB angefochten werden.

Zu g) Der GW ist kein zwingender Bestandteil der WE. Deckt sich der äußere Tatbestand nicht mit dem inneren Tatbestand hinsichtlich des GW, dann liegt dennoch eine WE vor, jedoch kann der Erklärende seine WE wegen Irrtums anfechten nach §§ 119 ff., 142 BGB.

Zu h) Unter dem Wirksamwerden einer WE versteht man Abgabe und Zugang. Bei empfangsbedürftigen WE muss die Erklärung abgegeben werden und dem Antragsempfänger auch zugehen. Bei einer nicht empfangsbedürftigen WE genügt allein die Abgabe der Erklärung.

Zu i) Unter Abgabe versteht man die willentliche Entäußerung einer Erklärung in den Rechtsverkehr; Eine Erklärung ist zugegangen, wenn sie in dem Machtbereich des Empfängers gelangt ist und er die Möglichkeit der Kenntnisnahme hat.

Zu j) Für Ausnahmeregelungen verwendet der Gesetzgeber unter anderem folgende Konjunktionen:

- wenn nicht
- soweit nicht
- sofern nicht
- solange nicht
- es sei denn

7. Der Vertragsschluss und die Anfechtung

In diesem Kapitel lernen Sie …
fachlich, • wie ein Vertrag zustande kommt, • was ein Konsens bzw. Dissens bei Vertragsschlüssen bedeutet, • wie man die Wirksamkeit von Verträgen prüft. hinsichtlich Methodik und Lernstrategien, • wie man die Wirksamkeit von Verträgen prüft, • sich ein Thema (Anfechtung) selbstständig zu erarbeiten. sprachlich, • Ihren Fachwortschatz durch die Bildung von Antonymen und Synonymen zu erweitern.

In den Kapiteln 5 und 6 wurde erläutert, was Rechtsgeschäfte und Willenserklärungen sind. Dieses Hintergrundwissen benötigen Sie, um prüfen zu können, wie ein Vertrag zustande kommt. An Fällen können Sie üben, die Wirksamkeit von Verträgen zu prüfen.

7.1 Das Zustandekommen von Verträgen

Von einem Vertrag spricht man bei mehrseitigen, empfangsbedürftigen WE. Wenn die beiden WE Antrag und Annahme zustande gekommen sind und wenn sie übereinstimmen (Konsens), kommt ein Vertrag zustande.

Schema: Zustandekommen von wirksamen Verträgen

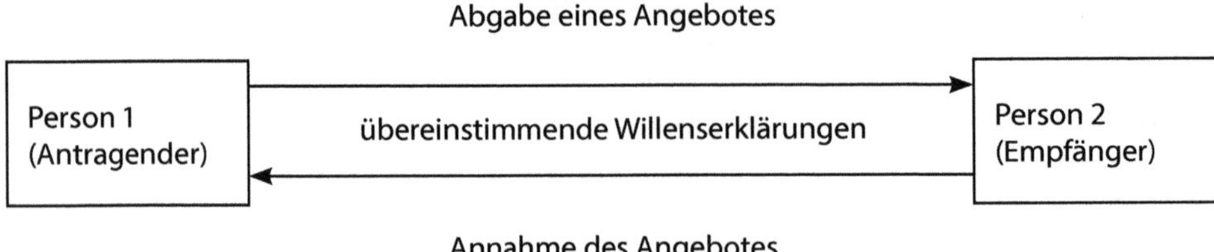

Um zu entscheiden, ob der Vertrag zustande kommt, muss man die beiden WE Angebot und Annahme auf ihr Zustandekommen prüfen.

Die Wirksamkeit eines Vertrages kann z.B. durch einen **Widerruf** nach § 355 BGB verhindert werden. Ein wirksamer Vertrag kann durch **Anfechtung** (§§ 119 ff. BGB) nichtig werden (s. Kap. 9).

Im folgenden Schema sehen Sie die Faktoren, die bei einem Vertragsschluss eine Rolle spielen. Tragen Sie rechts die dazugehörenden Normen des BGB ein (Vorlage online).

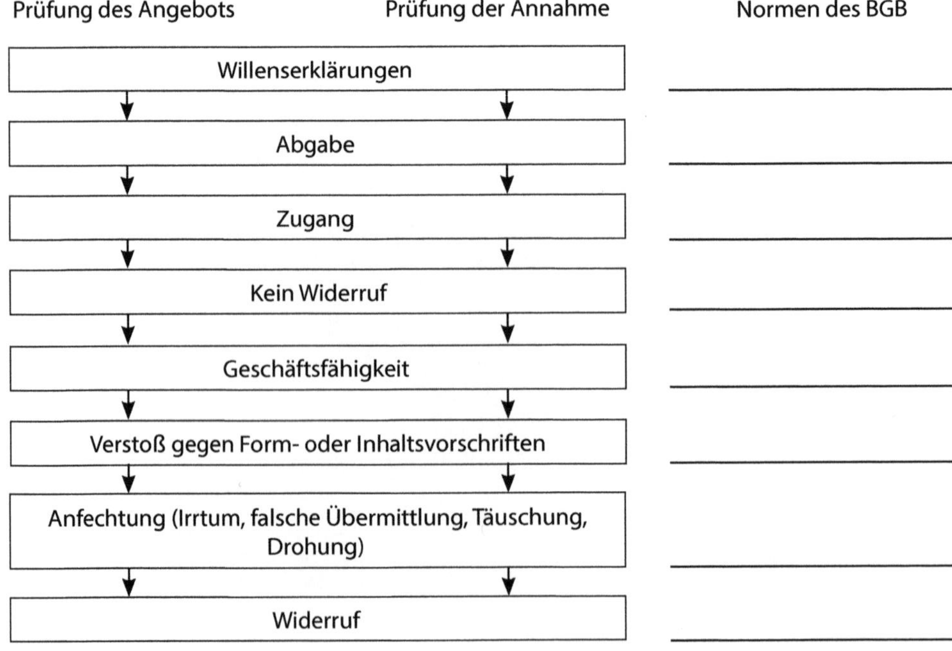

Das Thema bearbeiten

1. Wann erlischt ein Angebot? Listen Sie die Möglichkeiten auf und nennen Sie die Paragraphen, in denen es geregelt ist.
2. Welche rechtliche Folge entsteht, wenn ein Antrag verspätet angenommen wird?
3. Erläutern Sie § 150 Abs. 2 BGB anhand eines Beispiels mit Ihren eigenen Worten.

(Lösungen in Anhang 1)

Wortschatz

In der juristischen Fachsprache wird häufig mit Gegensatzpaaren gearbeitet, aber auch mit Synonymen. Die folgende Übung soll ihr Bewusstsein zu diesem Aspekt der Fachsprache schärfen.

Antonyme bzw. Synonyme bilden

Antonyme

Angebot	Abgabe	Antragender	Geschäftsfähigkeit
Konsens	konkret	materielles Recht	absolutes Recht
Willenserklärung		lex generalis	ex tunc
Gesetz	Recht	Regel	

Synonyme

Angebot	Paragraphen	Normen	Anspruch
Interpretation	lex specialis	stillschweigend	Konsens
Dissens	Vertrag	Verpflichtung	ipso iure
Stellvertreter	contra legem		

(Lösung in Anhang 2)

7.2 Fälle bearbeiten

Fall 1 bearbeiten

Bilden Sie eine Gruppe aus drei Personen. Prüfen Sie in Ihrer Gruppe in dem folgenden Fall das Zustandekommen des Vertrages.

> Mareike Johannson (M.J.) möchte ihre Perlenkette verkaufen, weil sie Geld für eine Reise nach Namibia braucht. Sie ruft Felix Stadlhuber (F.S.) an, einen alten Bekannten, und fragt ihn, ob er die Perlenkette kaufen möchte. Der Bekannte sucht gerade eine solche Perlenkette für seine Frau und sagt, er biete ihr für die Kette 650,00 €. M.J. sagt zu. Zwei Tage später sieht F.S. dieselbe Perlenkette in einem Goldgeschäft für 500,00 € und teilt der M.J. mit, er wolle ihre Perlenkette nicht mehr. M.J. besteht auf dem Vertrag, geht zu F.S. und übergibt ihm die Kette und verlangt 650,00 €. F.S. will die Kette aber nicht und verweigert die Kaufpreiszahlung.

(Lösung in Anhang 3)

Die folgenden beiden Fälle wurden in Kapitel 6 bereits behandelt, um zu klären, ob WE vorliegen oder nicht. Die weitergehende Frage in diesem Kapitel lautet, ob ein Vertrag zustande kommt oder nicht.

Fall 2 bearbeiten (zu Fall 4 aus Kapitel 6)

Frage: Ist das Einverständnis von Günther Heinrichs eine WE und damit die Annahme des Angebots von Franz Mehring auf Abschluss eines Vertrages (hier: Geschäftsbesorgung)?

Hilfe: Ziehen Sie zur Beantwortung der Frage ein Lehrwerk hinzu und erkundigen Sie sich zu Gefälligkeitsverhältnissen.

(Lösung in Anhang 4)

Fall 3 bearbeiten (zu Fall 5 aus Kapitel 6):

Fragen:

- Ist die Ausstellung des Oberhemdes im Schaufenster eine WE und damit ein Angebot auf Abschluss eines Kaufvertrages?
- Möchte der Verkäufer sich rechtlich binden, wenn er eine Ware ausstellt?
- Hat Marita Breuer durch ihre Erklärung eine WE abgegeben und damit dieses Angebot angenommen?
- Ist dadurch ein Vertrag zustande gekommen?

(Lösung in Anhang 5)

Fachliche Fragen schriftlich beantworten

Frage 1: Inwiefern sind ein Kaufvertrag bzw. ein Werkvertrag gegenseitig verpflichtend? Welche Parteien sind beteiligt?

Frage 2: Stellt ein Fahrkartenautomat in der Vorhalle eines Bahnhofs ein Angebot dar? Begründung Sie Ihre Entscheidung.

Frage 3: Kommt ein Vertrag zustande, wenn Sie in einen Zug einsteigen? Wer macht das Angebot?

(Lösungen zu den Aufgaben in Anhang 6)

7.3 Konsens und Dissens

Zu Beginn des Kapitels 7.1 finden Sie in dem Schema (Zustandekommen von Verträgen), dass die WE Angebot und Annahme vollständig übereinstimmen müssen, damit ein Vertrag zustande kommt. Eine Übereinstimmung nennt man Konsens, bei voneinander abweichenden WE spricht man von Dissens.

Fall 4 bearbeiten

Mareike Johannson (M.J.) möchte umziehen und hat Interesse an einer Mietwohnung. Sie ruft den Vermieter an, der als Adresse „Schöner Blick, 2. Stock" angibt. M.J. versteht aber „Schöne Aussicht" und schaut sich zusammen mit ihrem neuen Freund die falsche Wohnung an. Weil sie von der Wohnung begeistert ist, sagt sie dem Vermieter zu. Auch der Vermieter gibt seine Zusage, und der Mietvertrag wird unterschrieben. Drei Tage später bemerkt M.J. aber ihren Irrtum und möchte an dem Mietvertrag nicht mehr festhalten.

Frage: Ist ein Mietvertrag zwischen Mareike Johannson und dem Vermieter zustande gekommen?

(Lösung in Anhang 7)

7.4 Die Anfechtung

In Anhang 1 im 6. Kapitel (Abfolge der Prüfung einer Willenserklärung) taucht bereits der Begriff der Anfechtung auf. Während der Widerruf nach § 130 Abs. 1 S. 2 BGB in den Prozess des Wirksamwerdens von WE eingreift, betrifft die Anfechtung den geschlossenen und bereits wirksamen Vertrag. In diesem Kapitel soll es darum gehen, dass Sie sich das Thema Anfechtung eines Vertrages selbst erarbeiten und damit einen Arbeitsprozess durchlaufen, der auch im Studium von Ihnen verlangt wird.

Selbsterarbeitung

Folgende Leitfragen sollten Sie dabei beantworten können:

- Was versteht man unter Anfechtung?
- Was wird angefochten?
- Wie sieht die Abfolge aus, in der man die Möglichkeit einer Anfechtung prüft? Entwickeln Sie dazu ein Abfolge-Schema.
- Welche Rechtsfolge hat die Anfechtung?
- Wo finden sich die gesetzlichen Regelungen?
- Worin besteht genau der Unterschied zum Widerruf?

Nach Abschluss Ihrer Recherche sollten Sie zu Folgendem in der Lage sein:

- Auskunft zu geben über Ihr methodisches Vorgehen,
- die Fragen in eigenen Worten schriftlich zu beantworten (wie in einer Klausur),
- das Thema Anfechtung mündlich in einem Kurzvortrag darzustellen,
- offen gebliebene Fragen zu stellen (Unklarheiten/Problematisierung/Vertiefung).

(Ein Schema zur Prüfungsfolge bei der Anfechtung in Anhang 8)

Wiederholungs- und Kontrollfragen
Beantworten Sie folgende Fragen: a) Wie kommt ein Vertrag zustande? b) In welchen Fällen liegt kein Rechtsbindungswille vor? c) Was versteht man unter Konsens? d) Was versteht man unter Dissens? e) In welchen Fällen kann ich eine WE anfechten? f) Was ist die Folge der Anfechtung?

(Lösungen in Anhang 9)

Vertiefungshinweise

Wörlen, R. & Metzler-Müller, K. (2016): *BGB AT, mit Einführung in das Recht*, S. 121.
Köhler, H. (2018): *BGB Allgemeiner Teil*, S. 101–119.
Brox, H. & Walker, W.-D. (2018): *Allgemeiner Teil des BGB*, S. 82–98, 120–124.

Anhang 1 Antworten auf die Fragen

Zu 1) Ein Angebot erlischt, wenn der Annehmende das Angebot abgelehnt hat oder nach §§ 147–149 BGB nicht rechtzeitig angenommen hat (§ 146 BGB).

Zu 2) S. § 150 Abs. 2 BGB. Falls die Annahme einer WE verspätet erfolgt, gilt dies als neuer Antrag.

Zu 3) Eike Scholz (E.S.) möchte Rita Richter (R.R.) sein Handy für 200,00 € verkaufen. R.R. ist mit dem Kauf einverstanden, allerdings zu einem Preis von 150,00 €. Hier hat R.R. das Angebot von E.S. geändert, damit das alte Angebot abgelehnt und ein neues Angebot unterbreitet.

Anhang 2 Antonyme und Synonyme

Antonyme

Angebot / Annahme
Antragender/ Empfänger
Konsens / Dissens
materielles Recht /formelles Recht
Willenserklärung /Realakt
ex tunc / ex nunc
Recht / Pflicht
Abgabe / Zugang
Geschäftsfähigkeit / Geschäftsunfähigkeit
konkret / abstrakt
absolutes Recht / relatives Recht
lex generalis / lex specialis
Gesetz / Vertrag
Regel / Ausnahme

Synonyme

Angebot / Antrag
Anspruch / Recht
lex specialis / Spezialvorschrift
Konsens / Übereinstimmung / Einigkeit
Vertrag / Vereinbarung / Kontrakt / Abrede / Übereinkunft / Konvention
Verpflichtung / Obligation
Stellvertreter / Prokurator
Paragraphen Normen / Rechtsvorschriften
Interpretation / Auslegung
stillschweigend / konkludent
Dissens / Uneinigkeit
ipso iure / unmittelbar durch Gesetz
contra legem / gesetzwidrig

Anhang 3 Lösung zu Fall 1

Zwischen M.J. und F.S. ist ein Kaufvertrag iHv. 650,00 € zustande gekommen. Ein Vertrag kommt durch eine wirksame Einigung, bestehend aus zwei übereinstimmenden Willenserklärungen, Angebot und Annahme, zustande, §§ 145 ff. BGB.

Die unverbindliche Anfrage, möchtest du meine Perlenkette kaufen, stellt noch kein verbindliches Angebot dar. Ein Angebot ist eine empfangsbedürftige WE, durch die ein Vertragsschluss einem anderen in der Weise angetragen wird, dass das Zustandekommen des Vertrages nur von dessen Einverständnis abhängt, die wesentlichen Vertragsbedingungen (essentialia negotii) also in der Weise zusammengefasst werden, dass der andere den Vertrag durch ein bloßes „Ja" entstehen lassen kann. In der Anfrage von M.J. ist weder ein Rechtsbindungswille zu erkennen noch sind in dieser Anfrage alle essentialia negotii enthalten, die auf ein Angebot schließen lassen könnten.

Vielmehr stellt die Äußerung von F.S.: „ich biete dir für die Kette 650,00 € an" ein verbindliches Angebot dar. F.S. hat mit seiner Äußerung die künftigen Vertragsbedingungen so angetragen, dass M.J. nur noch mit „Ja" den Vertrag entstehen lassen kann.

M.J. hat das Angebot von F.S. auch angenommen. Eine Annahme ist die Erklärung, mit der sich derjenige, an den sich das Angebot richtet, mit dem Inhalt des Angebots einverstanden erklärt. M.J. hat sich mit einem Preis von 650,00 € einverstanden erklärt.

Ein Angebot und eine Annahme und damit eine wirksame Einigung liegen vor. Somit ist ein Kaufvertrag zwischen F.S. und M.J. iHv. 650,00 € zustande gekommen.

Anhang 4 Lösung zu Fall 2

Dieser Fall lässt sich nur durch die Rechtsprechung bearbeiten, nicht mit Hilfe des BGB.
Lösung: Es fehlt am Erklärungswillen (Rechtsbindungswillen). Günther Heinrichs will sich gegen Franz Mehring nicht rechtlich verpflichten, sondern lediglich aus Gefälligkeit auf dessen Gepäck achten (sog. Gefälligkeitsverhältnis). Dies ist für Franz Mehring auch erkennbar, da er nicht erwarten darf, dass sich ein Fremder ihm gegenüber ohne Gegenleistung rechtlich binden und für eventuelle Schäden haften will. Somit liegt keine WE von Günther Heinrichs vor.

Anhang 5 Lösung zu Fall 3

Es fehlt am Erklärungswillen (Rechtsbindungswillen). Das Modegeschäft will durch das Ausstellen der Waren kein Angebot auf Abschluss eines Kaufvertrages abgeben, da es ansonsten verpflichtet wäre, bei jeder Annahme dieses Angebots durch den Kunden diesem die entsprechende Ware zu liefern, ohne hierzu ohne weiteres in der Lage zu sein. Hat der Verkäufer z.B. nicht genug Exemplare vorrätig, um die auf diese Weise abgeschlossenen Verträge erfüllen zu können, wäre er u.U. schadensersatzpflichtig. Nach der Verkehrssitte handelt es sich in solchen Fällen daher lediglich um eine invitatio ad offerendum = Aufforderung (Einladung) zur Abgabe eines Angebots (ebenso bei Zeitungsannoncen, Versandhauskatalogen u.Ä.) Da der fehlende Rechtsbindungsbindungswille auch nach außen erkennbar ist, liegt kein Angebot vor.

Indem Marita Breuer sagt, dass sie das Oberhemd nehme und der Verkäufer ihr das Oberhemd einpacken solle, nimmt Marita Breuer kein Angebot an, sondern Marita Breuer macht das Angebot. In dem Moment, wo der Kassierer den Preis des Oberhemdes in die Kasse einscannt, hat er das Angebot von Marita Breuer angenommen und es ist zwischen beiden dann ein Kaufvertrag zustande gekommen.

Anhang 6 Lösungen zu den fachlichen Fragen

Zu Frage 1:
Ein Kaufvertrag ist ein gegenseitig verpflichtender Vertrag. Aber auch ein Werkvertrag ist ein gegenseitig verpflichtender Vertrag. Es ist hier ein bestimmter Erfolg (= Werk) herbeizuführen (§ 631 BGB). Gegenseitig verpflichtende Verträge begründen auf beiden Seiten Leistungsverpflichtungen. Der Kaufvertrag begründet Leistungsverpflichtungen für den Käufer, aber auch für den Verkäufer. Die Leistungspflichten für den Verkäufer ergeben sich aus § 433 Abs. 1 BGB. Die Leistungspflichten für den Käufer resultieren aus § 433 Abs. 2 BGB. Durch den Werkvertrag werden Leistungspflichten für den Unternehmer, aber auch für den Besteller begründet. Die Leistungspflichten für den Unternehmer ergeben sich aus § 631 Abs. 1, 1. HS. BGB. Die Leistungspflichten für den Besteller ergeben sich aus § 631 Abs. 1, 2. HS. BGB.

Zu Frage 2:
Die Erklärung des Automatenbetreibers ist hier nach §§ 133, 157 BGB auszulegen, ob der Betreiber des Automaten sich rechtlich binden möchte. Theoretisch kann sich der Verkäufer jedem gegenüber, der eine Annahmeerklärung abgibt, rechtlich

binden wollen, der seine Vertragsbedingungen akzeptiert. Dagegen spricht jedoch das Argument, dass der Verkäufer sich schadensersatzpflichtig machen könnte, wenn mehr Leute das Vertragsangebot annehmen, als der Automat Waren/Karten hat. Auf Grund dieser Gefahr wird ein verständiger, objektiver Beobachter das Angebot des Automatenbetreibers so auslegen, dass es an einen unbestimmten Personenkreis adressiert ist, das Angebot sich jedoch auf den Vorrat beschränkt. Folglich stellt der volle Fahrkartenautomat ein wirksames Angebot zum Abschluss eines Kaufvertrags dar, das an einen unbestimmten Personenkreis gerichtet ist (sog. „Offerte ad incertas personas").

Zu Frage 3:
Das Bereitstellen des Zuges stellt ein konkludentes Angebot dar zum Abschluss eines Beförderungsvertrages, was von der Rechtsnatur ein Werkvertrag ist. Durch das Einsteigen des Fahrgastes in den Zug (sozialtypisches Verhalten) nimmt der Fahrgast konkludent das Angebot der Bahn an. Durch die beiden korrespondierenden WE Angebot und Annahme kommt ein Vertrag zwischen Bahn und Fahrgast zustande.

Anhang 7 Lösung zu Fall 4

Ein Mietvertrag nach § 535 BGB ist zwischen M.J. und dem Vermieter nicht zustande gekommen. Ein Angebot seitens M.J. liegt vor, als sie dem Vermieter zusagt, die Wohnung nehmen zu wollen. Eine Annahme seitens des Vermieters liegt auch vor. Fraglich ist jedoch, welche Auswirkungen M.J.s Missverständnis „Schöner Blick, 2. Stock" und „Schöne Aussicht" auf den Mietvertrag hat. Es liegt keine inhaltliche Übereinstimmung zwischen Angebot und Annahme vor. Sie möchte die Wohnung „Schöne Aussicht". Der Vermieter möchte aber die Wohnung „Schöner Blick, 2. Stock" vermieten. In diesem Fall liegt ein versteckter Dissens nach § 155 BGB vor. Der Mietgegenstand und damit auch die Straße der Mietwohnung sind ein wesentlicher Vertragsbestandteil des Mietvertrages. Im Falle des Fehlens eines wesentlichen Vertragsbestandteils des Mietvertrags kommt der Mietvertrag nicht zustande, trotz der Tatsache, dass hier die Parteien den Mietvertrag unterzeichnet haben. Möglich ist aber auch eine andere Begründung mit der Folge, dass der Mietvertrag zustande kommt, wenn man annimmt, dass der Name der Straße einen Nebenpunkt darstellt. In einem solchen Fall könnte M.J. sein Angebot zum Abschluss des Mietvertrages dann nur noch wegen Inhaltsirrtum nach § 119 Abs. 1, 1. Alt. BGB anfechten und würde sich gem. § 122 Abs. 1 BGB schadensersatzpflichtig machen.

Anhang 8 Prüfungsfolge bei der Anfechtung

I. Anfechtungserklärung, § 143 BGB

1. empfangsbedürftige WE, d.h. Abgabe und Zugang sind erforderlich.
2. Die Erklärung hat gegenüber dem richtigen Anfechtungsgegner zu erfolgen, § 143 Abs. 2 und Abs. 3 BGB

II. Anfechtungsgrund, §§ 119 ff. BGB

1. Inhaltsirrtum, § 119 Abs. 1, 1. Alt. BGB
2. Erklärungsirrtum, § 119 Abs. 1, 2. Alt. BGB
3. Eigenschaftsirrtum, § 119 Abs. 2 BGB
4. Irrtum wegen falscher Übermittlung, § 120 BGB
5. Irrtum durch arglistige Täuschung, § 123, 1. Alt. BGB
   ▶ Beachte: § 123 Abs. 2 BGB (Täuschung durch Dritte)
6. WE aufgrund widerrechtlicher Drohung, § 123, 2. Alt. BGB

III. Anfechtungsfrist

1. §§ 119, 120 BGB ▶ § 121 BGB
2. § 123 BGB ▶ § 124 BGB

IV. Kein Ausschluss

§ 142 Abs. 2 BGB

Anhang 9 Lösungen zu den Wiederholungs- und Kontrollfragen

Zu a) Ein Vertrag kommt durch zwei inhaltlich übereinstimmenden Willenserklärungen, Angebot und Annahme, §§ 145 ff. BGB zustande.

Zu b) Ein Rechtsbindungswille fehlt u.a. in folgenden Fällen:
- Gefälligkeit, z.B. Einladung zum Essen;
- invitatio ad offerendum, Auslage im Schaufenster.

Zu c) Unter Konsens versteht man die Übereinstimmung von Angebot und Annahme.

Zu d) Unter Dissens versteht man die fehlende Übereinstimmung von Angebot und Annahme.

Zu e) Eine WE kann angefochten werden im Falle eines Irrtums, einer Täuschung, Drohung oder falscher Übermittlung, §§ 119, 120, 123 BGB.

Zu f) Die Folge der Anfechtung ist in § 142 Abs. 1 BGB geregelt.

8. Die Geschäftsfähigkeit

In diesem Kapitel lernen Sie ...

fachlich,

- Fälle hinsichtlich des Zustandekommens von Verträgen mit Minderjährigen zu prüfen,
- (beschränkte) Geschäftsfähigkeit und -unfähigkeit anhand der einschlägigen Paragraphen des BGB zu prüfen.

hinsichtlich Methodik und Lernstrategien,

- eigenständig mit dem BGB, etwa zur Erschließung der Bedeutung von Begriffen, zu arbeiten.

sprachlich,

- Fachbegriffe in juristischen Texten zu erkennen und sich ihre Bedeutung zu erschließen,
- unterschiedliche Verwendungen des Verbs kennen,
- sprachliche Formulierungen für Ausnahmeregelungen.

In diesem Kapitel geht es darum, anhand von Fällen die systematische Struktur der gesetzlichen Bestimmungen zur Geschäftsfähigkeit zu erschließen. Dazu sollen Sie möglichst eigenständig die einschlägigen Gesetzestexte des BGB finden, sie verstehen und auf konkrete Situationen anwenden können. Sprachliche Übungen zum Wortschatz sollen Ihnen bei der Formulierung juristischer Sachverhalte helfen.

8.1 Die Geschäftsunfähigkeit

Die Geschäftsfähigkeit ist, neben der Deliktsfähigkeit, eine Unterart der allgemeinen Handlungsfähigkeit und ist von der Rechtsfähigkeit abzugrenzen.

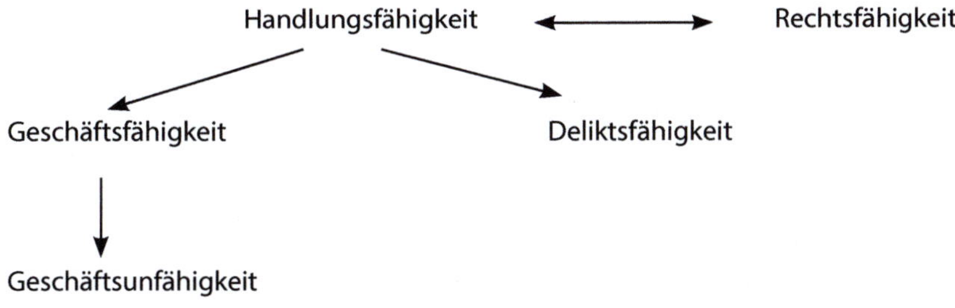

Definieren

Definieren Sie die Begriffe Handlungsfähigkeit und Geschäftsfähigkeit, ohne zunächst in einem Rechtswörterbuch oder im Internet nachzuschauen. Sprachliche Mittel, die Ihnen dabei helfen können, finden Sie in Kapitel 3.3.

Fall 1 bearbeiten

Prüfen Sie in dem folgenden Fall, ob zwischen dem Verkäufer des Sportgeschäfts und dem Kind ein Vertrag zustande gekommen ist.

> Der sechsjährige Eike geht in ein Sportgeschäft, um sich einen Fußball zu kaufen. Der Verkäufer Fokke Löschen fragt Eike, ob er von seinen Eltern die Erlaubnis dazu hat. Eike antwortet: „Der Ball ist doch für meinen Papa." Daraufhin verkauft Hanno Dierksen Eike den Fußball und gibt ihm noch eine Packung Traubenzucker dazu.

Um die Frage zu beantworten, führen Sie bitte folgende Schritte aus:

Schritt 1: Suchen Sie im BGB die einschlägigen Rechtsnormen, die hier angewendet werden müssen.

Schritt 2: Lesen Sie die Normen.

Schritt 3: Prüfen Sie nun, ob ein Vertrag zustande gekommen ist.

(Lösung in Anhang 1)

Bearbeiten von Rechtsnormen

1

In den §§ 104 und 105 BGB geht es um die Geschäftsunfähigkeit von Vertragspartnern. Welcher Zusammenhang besteht zwischen § 104 und § 105 BGB? Ermitteln Sie dazu für jeden Paragraphen Tatbestand und Rechtsfolge.

(Lösung in Anhang 2)

2

Klären Sie den Unterschied zwischen § 104 Nr. 2 und § 105 Abs. 2 BGB.

(Lösung in Anhang 3)

Exkurs: Ausnahmeregelungen und deren Formulierung in Normen

Im BGB werden auch Ausnahmeregelungen getroffen, von denen im Folgenden einige vorgestellt werden.

3

Bestimmen Sie in Stichworten Tatbestand und Rechtsfolge der Normen sowie die Ausnahmeregelungen, falls welche angegeben sind (Vorlage online).

§§ BGB	Tatbestand	Rechtsfolge	Ausnahmeregelung
130 Abs. 1 S. 1			
145			
149 S. 1			
149 S. 2			
112 Abs. 1			

Beispiel für die Formulierung von Ausnahmeregelungen (nach § 149 S. 1 BGB):

Ist eine Annahmeerklärung dem Antragenden verspätet zugegangen, so hat er dies dem Annehmenden unverzüglich nach dem Empfang der Erklärung anzuzeigen. **Eine Ausnahme von dieser Vorschrift bildet der Fall**, dass er es schon vorher angezeigt hat.

Anstelle dieser umständlichen Formulierung verwendet der Gesetzgeber Signalwörter, um Ausnahmen auszudrücken.

Wortliste für Ausnahmeregelungen: *sofern nicht*
solange nicht
soweit nicht
wenn nicht
außer wenn
es sei denn

(s.a. die Liste in Kap. 2 mit Erläuterungen)

Umformulieren

Wandeln Sie die folgenden Sätze so um, dass die Ausnahmen mit Hilfe der Signalwörter *sofern nicht* ausgedrückt werden. Schauen Sie sich anschließend das Original im BGB an.

a) Ein Rechtsgeschäft, das gegen ein gesetzliches Verbot verstößt, ist nichtig. Diese Rechtsfolge tritt nicht ein, wenn sich aus dem Gesetz ein anderes ergibt (nach § 134 BGB).
b) Wer einem anderen die Schließung eines Vertrags anträgt, ist an den Antrag gebunden. Diese Bindung gilt aber nicht in dem Fall, dass er die Gebundenheit ausgeschlossen hat (nach § 145 BGB).
c) obiges Beispiel (nach § 149 S. 1 BGB)

Prüfen der Geschäftsfähigkeit

Welche der folgenden Personen sind geschäftsunfähig? Begründen Sie Ihre Entscheidungen.

	ja / nein
a) Der Hochleistungssportler G.M. auf der Siegesfeier mit 1,5 Promille	
b) Die sechsjährige Lola	
c) Der sechsjährige Marlon mit einer Einverständniserklärung seines volljährigen Bruders	
d) Der Alt-Hippie Johann nach einem Joint	
e) Die depressive Franziska Mönnig	
f) Der minderbegabte Reinhard Krahn	

Rechtswörterbuch benutzen

Erschließen Sie sich, was man unter *lucidum intervallum* versteht, und formulieren Sie dessen Bedeutung mit eigenen Worten.

8.2 Die beschränkte Geschäftsfähigkeit

Fall 2 bearbeiten

Der achtjährige Franz fährt mit seinem Skateboard zu einem Sportgeschäft, um sich ein Sweatshirt zu kaufen. Der Verkäufer Anton Huhnreiter verkauft ihm eines für 48,00 €.

Frage: Ist ein Vertrag zustande gekommen?

Entscheiden Sie zunächst einmal aus Ihrem Bauchgefühl. Nehmen Sie etwa die Laien-Perspektive der Mutter ein, die mit dem Kauf ihres Sohnes nicht einverstanden ist. Wie würden Sie sich als Mutter von Franz verhalten? Begründen Sie Ihr Verhalten.

In Kapitel 8.1 wurde ein Fall untersucht, in dem ein Vertragspartner geschäftsunfähig ist. Im vorliegenden Fall geht es dagegen um die beschränkte Geschäftsfähigkeit.

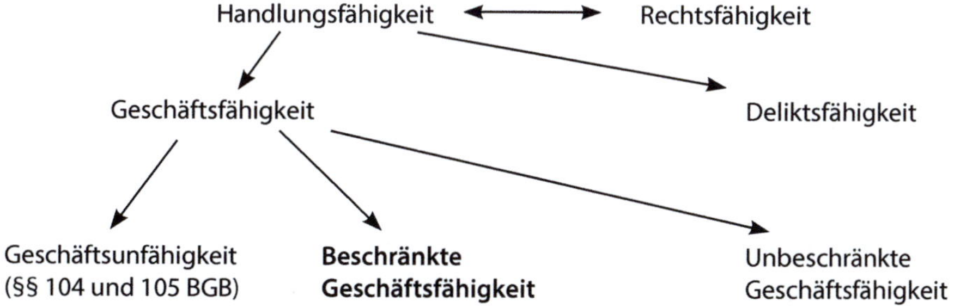

Arbeiten mit dem BGB

Die beschränkte Geschäftsfähigkeit ist im BGB geregelt. Um Fall 2 bearbeiten zu können, müssen Sie sich zunächst einen Überblick über die entsprechenden Normen verschaffen. Gehen Sie dabei in folgenden Schritten vor:

Schritt 1: Suchen Sie die entsprechenden Normen des BGB.

Schritt 2: Lesen Sie die relevanten Paragraphen und verschaffen Sie sich einen Überblick, wie diese Normen systematisch miteinander zusammenhängen.

Schritt 3: Welche Bedeutung hat der erste der relevanten Paragraphen für die systematische Prüfung der Geschäftsfähigkeit?

Schritt 4: Klären Sie die Frage, in welcher Altersspanne man begrenzt geschäftsfähig ist. In welchem Paragraphen ist die obere Altersgrenze geregelt?

(Antworten in Anhang 4)

Wiederholen von Konditionalsätzen
Formulieren Sie § 1 und § 2 BGB in eine Wenn-dann-Struktur um (s. Kap. 2).

8.3 Die Prüfung der beschränkten Geschäftsfähigkeit

Bei einer Prüfung der Wirksamkeit von WE von Personen, die beschränkt geschäftsfähig sind, wird zunächst § 106 BGB geprüft. Wenn nach § 106 BGB Minderjährigkeit und somit beschränkte Geschäftsfähigkeit vorliegt, werden die §§ 107–113 BGB geprüft. Einige dieser Normen werden im Folgenden genauer untersucht.

8.3.1 § 107 BGB

In § 107 BGB geht es um die Einwilligung der gesetzlichen Vertreter, wenn nach § 106 BGB Minderjährigkeit festgestellt wurde.

Analysieren der Rechtsnorm

Paraphrasieren
Beschreiben Sie, worum es thematisch in dem folgenden Paragraphen des BGB geht.

> **§ 107 Einwilligung des gesetzlichen Vertreters.** Der Minderjährige bedarf zu einer Willenserklärung, durch die er nicht lediglich einen rechtlichen Vorteil erlangt, der Einwilligung seines gesetzlichen Vertreters.

Schwierig zu verstehen ist zunächst einmal der Relativsatz, insbesondere die Negation *nicht* in Verbindung mit dem Adverb *lediglich.*

Umwandeln

Wandeln Sie den Satz, um ihn besser zu verstehen, in eine gewohnte Wenn-dann-Struktur um.

Prüfen Sie anschließend anhand der folgenden Tabelle, in welchen Fällen der Minderjährige die Einwilligung seines gesetzlichen Vertreters braucht.

Tatbestand	Ja	Nein
nur rechtliche Vorteile für den Minderjährigen		
neben rechtlichen auch wirtschaftliche Vorteile		
nur wirtschaftliche Vorteile		
nicht nur einen rechtlichen Vorteil, sondern auch einen wirtschaftlichen Nachteil		
einen rechtlichen Nachteil		

Trennungs- und Abstraktionsprinzip anwenden

Um eine begründete Entscheidung für die richtige Lösung treffen zu können, muss man auf das Trennungs- und Abstraktionsprinzip zurückgreifen, das in Kapitel 4 behandelt wurde. Stellen Sie zunächst einmal dar, inwiefern im oben dargestellten Fall 2 bei dem Kauf eines Sweatshirts das Abstraktionsprinzip eine Rolle spielt.

In § 107 BGB ist keine Rede von wirtschaftlichen Vor- oder Nachteilen, sondern nur von rechtlichen („lediglich einen rechtlichen Vorteil"). Dies besagt das Adverb *lediglich.* Durch die Verneinung bringt der Gesetzgeber die Möglichkeit zum Ausdruck, dass der Minderjährige auch einen rechtlichen Nachteil durch den Abschluss eines Verpflichtungsgeschäftes erlangen könnte.

Man muss Verpflichtungsgeschäft und Verfügungsgeschäft voneinander trennen (Trennungs- und Abstraktionsprinzip). Das Gesetz formuliert, dass in keinem der beiden Geschäfte für den Minderjährigen ein rechtlicher Nachteil entstehen darf.

Was versteht man in diesem Zusammenhang unter einem rechtlichen Nachteil?

(Lösung in Anhang 5)

Fachbegriffe erschließen

In § 107 BGB kommen wie häufig in der Rechtssprache Begriffe vor, deren Bedeutung von dem umgangssprachlichen Verständnis abweicht. Es ist deshalb wichtig, derartige Begriffe zu erkennen und sich über ihre rechtliche Bedeutung in Gesetzestexten oder in einem Fachwörterbuch zu informieren.

Ermitteln Sie die rechtliche Bedeutung der Begriffe, die in der nachfolgenden Tabelle stehen (Vorlage online). Suchen Sie im BGB die Paragraphen, die Ihnen dabei weiterhelfen können.

Begriff	§ BGB	Bedeutung
Einwilligung		
Gesetzlicher Vertreter		

(Lösung in Anhang 6)

Fall 2 nach § 107 BGB prüfen

In § 107 BGB sind mehrere Tatbestandsmerkmale aufgeführt, die in einzelnen Schritten geprüft werden müssen, um zu entscheiden, ob die WE des Minderjährigen der Einwilligung des gesetzlichen Vertreters bedarf oder nicht. Listen Sie diese Schritte auf, prüfen Sie Fall 2 und nennen Sie das Ergebnis Ihrer Prüfung.

Schritt 1: Frage: Liegt Minderjährigkeit vor?
Antwort: Ja
Begründung: nach § 106 BGB

(Schritte 2 bis 4 in Anhang 7)

Zusammenfassung

Sie haben bei der Prüfung von Fall 2 zunächst festgestellt, dass nach § 106 BGB eine beschränkte Geschäftsfähigkeit vorliegt. Anschließend haben Sie nach § 107 BGB festgestellt, dass der Minderjährige bei dem Kauf eines Sweatshirts einen rechtlichen Nachteil hat (Verpflichtungsgeschäft) und deshalb die Einwilligung seines gesetzlichen Vertreters braucht. Mit diesen Paragraphen möchte der Gesetzgeber die Minderjährigen schützen.

Fazit: Liegt diese Einwilligung nicht vor, muss als nächstes § 108 BGB geprüft werden.

8.3.2 § 108 BGB

Voraussetzung für die Prüfung von § 108 BGB ist, dass Franz keine Einwilligung seiner Eltern hatte.

§ 108 BGB lesen und anwenden

Lesen Sie § 108 BGB.

Frage: In welchen Fällen kann Anton Huhnreiter nach den §§ 107, 108 Abs. 1 und 108 Abs. 3 BGB sicher sein, dass der Vertrag mit Franz zustande kommt?

(Antwort in Anhang 8)

Fachbegriffe erschließen

Im Folgenden sollen Sie sich Ihren Fachwortschatz erweitern. Bilden Sie dazu zwei Gruppen A und B.

Gruppe A: Klären Sie in Partnerarbeit die Begriffe der Genehmigung, der Zustimmung und der schwebenden Unwirksamkeit.

Gruppe B: Klären Sie den Unterschied zwischen Geschäftsfähigkeit und Rechtsfähigkeit sowie die Begriffe Nichtigkeit und Wirksamkeit.

Erklären Sie anschließend einem Mitglied der anderen Gruppe an einem Beispiel die Bedeutung der Begriffe, die Sie sich erschlossen haben.

(Formulierungsvorschläge in Anhang 9)

Das Verb *gelten* als Hinweis auf eine juristische Fiktion

Es gibt Situationen, in denen der Gesetzgeber für Sachverhalte, die in Wirklichkeit nicht gegeben sind, dennoch Rechtsfolgen vornehmen möchte. Ein Beispiel dafür ist der Fall, dass das Erbrecht nur für (lebende) Personen anwendbar ist (§ 1923 Abs. 1 BGB). Von dieser Norm möchte der Gesetzgeber aber abweichen und formuliert zu diesem Zweck die **Fiktion**, dass ein zum Zeitpunkt des Erbfalls gezeugter, aber ungeborener Mensch behandelt werden soll wie eine lebende Person und erbberechtigt ist.

Der Begriff *Fiktion*

In der Fiktion wird ein fiktiver Sachverhalt (ein Ungeborenes) mit einem realen Sachverhalt (lebende Person) gleichgestellt, um Rechtsfolgen auch auf den fiktiven Sachverhalt anwenden zu können.

Sprachlich drückt der Gesetzgeber eine Fiktion i.d.R. durch das Verb *gelten* aus (▶ s. z.B. § 1310 Abs. 2 und 3, § 1923 BGB). Jedoch hat das Verb gelten in den Normen auch seine alltagsprachliche Bedeutung im Sinne von *gültig sein*.

Bedeutungsvarianten des Verbs gelten ermitteln

Ermitteln Sie, in welchen die folgenden Paragraphen das Verb gelten auf eine Fiktion verweist.

§ BGB	Vorliegen einer Fiktion?
105a	
110	
113 Abs. 4	
506 Abs. 2	
296 S. 2	
117 Abs. 2 S. 2	
150 Abs. 1	

Schwebende Unwirksamkeit

Definition

Die Zeit, in der der Verkäufer auf die Genehmigung wartet, nennt man schwebende Unwirksamkeit. Sie besagt, dass es offen bleibt, ob der Vertrag zustande kommt.

Fall 3 bearbeiten

Franz (F.), inzwischen 15 Jahre alt geworden, geht in ein Fahrradgeschäft, um sich für 2.000,00 € ein Rennrad zu kaufen. Anton Huhnreiter (A.H.) verlangt angesichts der hohen Summe die Einwilligung der Eltern, die F. aber nicht bei sich hat. A.H. verkauft F. das Fahrrad, verlangt aber eine Genehmigung der Eltern. F. geht daraufhin nach Hause, um sich die Genehmigung von seinem Vater zu besorgen.

Der Vater hat nun nach § 108 Abs. 2 BGB verschiedene Möglichkeiten, auf die Bitte von Franz zu reagieren. Beschreiben Sie diese Möglichkeiten und erklären Sie, mit welchen Rechtsfolgen sie verbunden sind.

(Lösung in Anhang 10)

Fachwissen in einem Kurzvortrag anwenden

Bilden Sie Dreiergruppen. Üben Sie es in den Gruppen, das Mind Map in Anhang 11 wie in einem Kurzvortrag zu erläutern. Die anderen beiden machen sich dabei Notizen und geben anschließend ein Feedback zum Inhalt/zur Sprache.

Wenn keine Genehmigung seitens des gesetzlichen Vertreters vorliegt, stellt sich die Frage, ob § 110 BGB anzuwenden ist.

8.3.3 § 110 BGB

Dieser Paragraph, der nach § 106 BGB bei beschränkt Geschäftsfähigen herangezogen werden muss, um die Wirksamkeit von WE zu prüfen, soll von Ihnen in Gruppen erschlossen werden.

§ 110 BGB in Gruppenarbeit erschließen

Beantworten Sie folgende Fragen:

1. Welche Voraussetzungen müssen gegeben sein, damit ein Vertrag nach § 110 BGB gültig wird?
2. Welche Rechtsfolgen sind damit verbunden?
3. In welcher Beziehung stehen § 107 BGB und § 110 BGB zueinander?
4. Welche Bedeutung hat das Wort *bewirken*? Ziehen Sie zur Beantwortung der Frage den § 362 Abs. 1 BGB heran.

(Hinweise zu 3. und 4. in Anhang 12)

Fälle

Besprechen Sie in Ihrer Dreiergruppe die folgenden Fälle auf der Grundlage von § 110 BGB:

Fall 4 bearbeiten

Franz bekommt von seinem Vater nicht die Genehmigung zum Kauf eines neuen Computers, der 1200,00 € kosten soll. Er kauft sich deshalb in einer Lotterie ein Los und gewinnt 4000,00 €.

Kann er sich von diesem Gewinn ohne Einwilligung oder Genehmigung der Eltern einen Computer kaufen?

(Lösung in Anhang 13)

Fall 5 bearbeiten

Franz spielt in einer Band Schlagzeug. Als Bandleader will er für eine Monatsmiete von 600,00 € einen Übungsraum anmieten und soll eine Kaution von 3 Monatsmieten zahlen. Da er nicht genügend Geld hat, möchte er einen Kredit aufnehmen.

Inwiefern entstehen für Franz rechtliche Probleme bei der Umsetzung seines Vorhabens? Kann er einen Mietvertrag abschließen? Kann er einen Kredit aufnehmen?

Wiederholungs- und Kontrollfragen

Beantworten sie folgende Fragen:

1. Unter welchen Bedingungen ist eine WE eines beschränkt Geschäftsfähigen wirksam?
2. Unter welcher Bedingung ist die WE eines Geisteskranken unbeschränkt wirksam?
3. Ordnen Sie die Normen zur Geschäftsfähigkeit in die Systematik des BGB ein.
4. Wie ist die WE eines beschränkt Geschäftsfähigen rechtlich zu beurteilen?
5. Wie ist der Fall zu beurteilen, dass ein beschränkt Geschäftsfähiger in der Zeit, in der seine WE schwebend unwirksam ist, volljährig wird?
6. Wie ist die Situation einzuschätzen, dass der gesetzliche Vertreter trotz Aufforderung, eine Genehmigung abzugeben, schweigt?
7. Zwei Tage vor seinem 18. Geburtstag kauft sich Franz ohne Zustimmung seiner Eltern einen Fußball und mietet für das Wochenende nach seinem Geburtstag eine Sporthalle, um mit seinen Freunden Fußball zu spielen und anschließend zu feiern. Der Geschäftsführer des Sportvereins fordert die Eltern auf, ihre Zustimmung zu der Miete zu geben. Diese verweigern die Zustimmung, weil der Vater wegen der Dopingskandale die gesamte Sportbranche verurteilt.
   Ist ein Vertrag zwischen Franz und dem Geschäftsführer zustande gekommen?

(Lösungen in Anhang 14)

Vertiefungshinweise

Wörlen, R. & Metzler-Müller, K. (2016): *BGB AT, mit Einführung in das Recht*, S. 66–75.
Köhler, H. (2018): *BGB Allgemeiner Teil*, S. 137–150.
Brox, H. & Walker, W.-D. (2018): *Allgemeiner Teil des BGB*, S. 124–139.

Anhang 1 Fallbearbeitung 1

Nach § 104 Nr. 1 in Verbindung mit § 105 Abs. 1 BGB ist Eike nicht geschäftsfähig, da er das 7. Lebensjahr noch nicht vollendet hat. Eikes WE ist deshalb nichtig, und der Vertrag kommt nicht zustande.

Anhang 2 Bearbeiten von Rechtsnormen

§ 104 BGB: Tatbestand (7. Lebensjahr nicht vollendet) führt zur Rechtsfolge Geschäftsunfähigkeit.

§ 105 BGB: Tatbestand (Geschäftsunfähigkeit) führt zur Rechtsfolge WE nichtig.

Anhang 3 Lösung zu Aufgabe 2

§ 104 Nr. 2: dauernd geschäftsunfähig

§ 105 Abs. 2: Betrifft Volljährige, die im Zustand der Bewusstlosigkeit eine WE abgeben, und geschäftsfähige Personen, die vorübergehend geschäftsunfähig sind und in diesem Zustand eine WE abgeben.

Anhang 4 Prüfung beschränkte Geschäftsfähigkeit

Zu Schritt 3: Wenn nach § 106 BGB eine beschränkte Geschäftsfähigkeit vorliegt, kommen §§ 107–113 BGB zur Anwendung.

Zu Schritt 4: § 2 BGB. Nach Vollendung des 7. bis zur Vollendung des 18. Lebensjahres

Anhang 5 Trennungs- und Abstraktionsprinzip anwenden

Jede Verpflichtung stellt einen rechtlichen Nachteil dar, also in diesem Fall die Verpflichtung des Minderjährigen, den Kaufpreis zu zahlen. Umgangssprachlich: wenn man eine Pflicht eingehen muss. In diesem Fall müssen dann die weiteren Paragraphen 108 ff. BGB geprüft werden.

Anhang 6 Fachbegriffe erschließen

Die maßgeblichen Paragraphen kann man mit Hilfe des Sachverzeichnisses des BGB ermitteln.

Einwilligung: Maßgeblich sind die §§ 182 und 183 BGB. Legaldefinition in § 183 S. 1 BGB: vorherige Zustimmung. Der Begriff Zustimmung wird in § 182 BGB erwähnt.
Gesetzlicher Vertreter: §§ 1626 Abs. 1 S. 1 und 1629 Abs. 1 S. 1 BGB.

Anhang 7 Fall 2 nach § 107 BGB prüfen

1. Schritt: Liegt Minderjährigkeit vor? Ja
Begründung: nach §§ 2 und 106 BGB
Konsequenz: deshalb weitere Prüfung nach §§ 107–113 BGB

2. Schritt: Liegt ein lediglich rechtlicher Vorteil nach § 107 BGB vor? Nein
Begründung: Im Verpflichtungsgeschäft, also der Kaufpreiszahlung, liegt ein rechtlicher Nachteil.

3. Schritt: Liegt nach § 107 BGB eine Einwilligung des gesetzlichen Vertreters vor? Nein
Begründung: Laut Sachverhalt liegt keine Einwilligung vor.
Konsequenz: Schwebende Unwirksamkeit, Prüfung von § 108 BGB.
4. Schritt: Möglichkeit: Es liegt eine Genehmigung vor. Deshalb Prüfung von § 110 BGB.

Anhang 8 Antwort

In drei Fällen: a) Bei Vorliegen einer Einwilligung der Eltern nach § 107 BGB
b) Bei Vorliegen einer Genehmigung nach § 108 Abs. 1 BGB
c) Bei unbeschränkter Geschäftsfähigkeit nach § 108 Abs. 3 BGB

Anhang 9 Begriffsklärungen

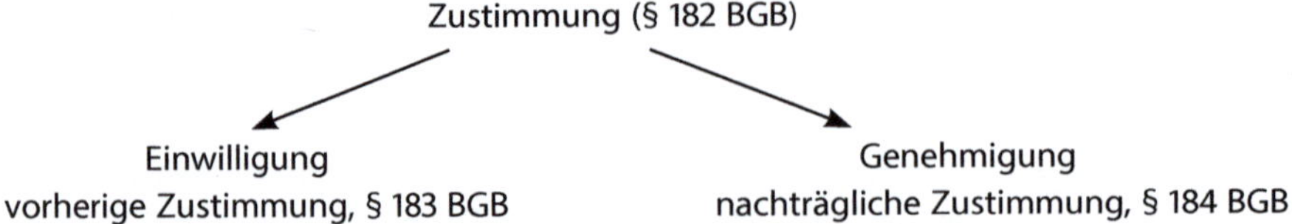

Geschäftsfähigkeit ist die Fähigkeit, selbständig wirksame Rechtsgeschäfte vorzunehmen (keine Definition im BGB).

Rechtsfähigkeit ist die Fähigkeit, Träger von Rechten und Pflichten zu sein, d.h. rechtsgeschäftliche Erklärungen abzugeben und entgegenzunehmen (keine Definition im BGB).

Anhang 10 Lösung zu Fall 3

Die Rechtsfähigkeit beginnt nach § 1 BGB mit der Geburt, die Geschäftsfähigkeit ist abgestuft und vom Alter abhängig.

Der Zustand, in der ein Verkäufer auf die Genehmigung des gesetzlichen Vertreters wartet, nennt man schwebende Unwirksamkeit. Sie besagt, dass das Zustandekommen des Vertrages von der Genehmigung des gesetzlichen Vertreters abhängt.

Der Vater wird gebeten, eine Genehmigung zu erteilen.

- Schweigt der Vater, gilt die Genehmigung als verweigert.
- Genehmigt er die WE, kommt der Vertrag zustande.
- Verweigert der Vater die Genehmigung, stellt sich die Frage, ob § 110 BGB anzuwenden ist.

Anhang 11 Prüfung der Geschäftsfähigkeit

Ausgangsfrage: Welches Alter hat der Geschäftspartner und in welchem Geisteszustand befindet er sich?

a) 0-vollendetes 7. Lebensj.	§ 104 Nr. 1 § 105 Abs. 1	Geschäftsunfähigkeit, Nichtigkeit der WE
b) Geisteskrank	§ 104 Nr. 2 § 105 Abs. 1	Geschäftsunfähigkeit, Nichtigkeit der WE
c) 8.-18. Lebensjahr	§ 106	Beschränkte Geschäftsfähigkeit Weitere Prüfung nach §§ 107–113 erforderlich:

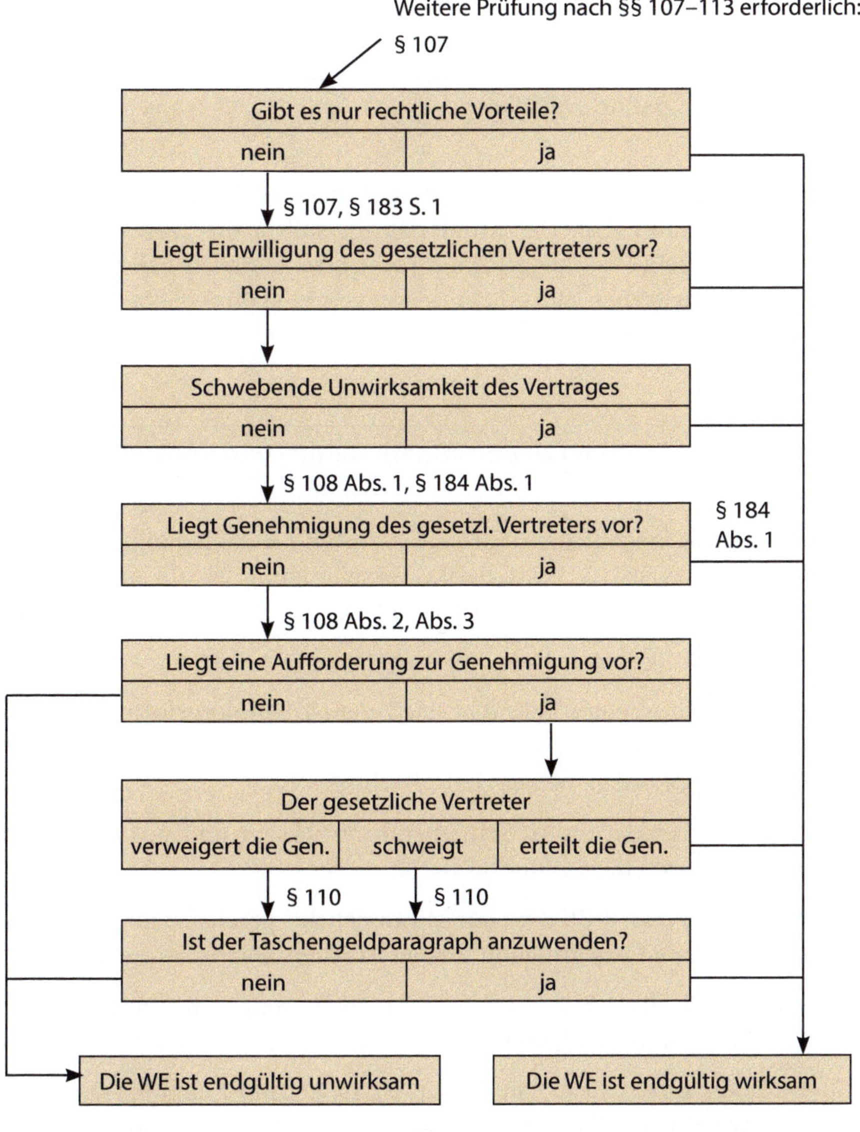

d) 18 Jahre und älter	§ 108 Abs. 3	Unbeschränkte Geschäftsfähigkeit

Anhang 12 Hinweise zu Fragen aus der Gruppenarbeit

Zu 3) § 110 BGB regelt eine Ausnahme von § 107 BGB, deshalb wird in einigen Juralehrwerken zuerst § 107 BGB geprüft und im 2. Schritt § 110 BGB. Einige prüfen § 110 BGB erst, nachdem §§ 107, 108 BGB verneint wurden, was auch dem Gesetzeswortlaut des § 110 BGB entspricht.
Zu 4) Eine Leistung ist dann bewirkt, wenn die Leistung vollständig erbracht ist. Dies ist bei Kreditgeschäften nicht der Fall. Kreditgeschäfte fallen demnach nicht unter § 110 BGB, da sie keine Erfüllung im Sinne des § 362 Abs. 1 BGB darstellen.

Anhang 13 Lösung zu Fall 4

Mit § 110 BGB dem sogenannten Taschengeldparagraphen, verfolgte der Gesetzgeber ein bestimmtes Ziel. Der Minderjährige soll in die Lage versetzt werden, mit geringen Mitteln (Taschengeld) am rechtsgeschäftlichen Leben teilzunehmen und mit Geld umzugehen. Bei einem Betrag von 1200,00 € bleibt aber die Einwilligung des Vertreters erforderlich.

Anhang 14 Lösungen zu den Widerholungs- und Kontrollfragen

Zu 1) Bei lediglich rechtlichem Vorteil § 107 BGB / Einwilligung des gesetzlichen Vertreters §§ 107, 183 S. 1 BGB / Genehmigung §§ 108 Abs. 1, 184 Abs. 1 BGB / Taschengeldparagraph § 110 BGB.

Zu 2) Nach § 104 BGB in lichten Momenten.

Zu 3) Buch 1, Allgemeiner Teil, d.h. nach dem Klammerprinzip heranzuziehen für alle folgenden Bücher.
Innerhalb des Allgemeinen Teils: Rechtsgeschäfte

Zu 4) Die Willenserklärung ist schwebend unwirksam und bedarf der weiteren Prüfung durch die §§ 106–113 BGB.

Zu 5) Nach § 108 Abs. 3 BGB ist der Minderjährige geschäftsfähig geworden und braucht keine Genehmigung des gesetzlichen Vertreters mehr.

Zu 6) Nach § 108 Abs. 2 S. 2 HS. 2 BGB ist ein Schweigen wie eine Verweigerung zu bewerten, die Willenserklärung ist demnach unwirksam.

Zu 7) Da Franz inzwischen 18 geworden ist, ist er zum Zeitpunkt des Inkrafttretens der Miete volljährig und bedarf nicht der Einwilligung des Vertreters, § 108 Abs. BGB.

9. Das Recht der Stellvertretung

In diesem Kapitel lernen Sie ...
fachlich, • was eine Stellvertretung ist, • wie das Vorliegen einer Stellvertretung geprüft wird. sprachlich, • wie die Präposition *durch* in Gesetzestexten gebraucht werden kann, • inwieweit die Modalverben *können*, *müssen* und *sollen* (und deren Negationen) ein bestimmtes juristisches Verhalten festlegen.

In diesem Kapitel geht es um die Stellvertretung beim Vertragsschluss. Indem Sie die entsprechenden Normen des BGB lesen und sie auf Fälle anwenden, sollen sie üben, das Vorliegen einer Stellvertretung zu prüfen.

9.1 Gesetzliche Grundlagen der Stellvertretung

An einem Rechtsgeschäft können auch mehr als zwei Personen beteiligt sein. Die Vertragsparteien haben nämlich die Möglichkeit, eine dritte Person zu beauftragen, den Vertrag zu schließen.

§ 164 BGB lesen und verstehen
Im BGB wird geregelt, unter welchen Voraussetzungen eine Vertretung vorliegt:

§ 164 Abs. 1 S. 1 BGB
Eine Willenserklärung, die jemand innerhalb der ihm zustehenden Vertretungsmacht im Namen des Vertretenen abgibt, wirkt unmittelbar für und gegen den Vertretenen.

In dem Paragraphen werden drei Voraussetzungen genannt, die den Tatbestand ergeben und eine Rechtsfolge nach sich ziehen.

Nennen Sie die drei Voraussetzungen (= Tatbestand), die für eine Stellvertretung erfüllt sein müssen.

(Lösung in Anhang 1)

Fall 1 bearbeiten
Prüfen Sie an dem folgenden Fall, ob die drei genannten Voraussetzungen erfüllt sind und somit eine Vertretung vorliegt oder nicht.

Franz Kreidler hat über das Internet für 5400,00 € einen Wohnwagen gekauft. Da er aber einen Geschäftstermin in Frankreich wahrnehmen muss, bittet er seinen Bruder Hannes, den Wohnwagen zu bezahlen und zu holen. Dafür stellt Franz seinem Bruder Hannes eine Vollmacht aus und gibt ihm das Geld mit auf den Weg.

Voraussetzungen	Erfüllt? Begründung:
1.	
2.	
3.	

Ergebnis:

(Lösung in Anhang 2)

Wortbedeutungen erschließen

Wie Sie bereits wissen, besteht der § 164 BGB, wie die meisten Normen, aus einem Tatbestand und einer Rechtsfolge. Erklären Sie, was in § 164 BGB mit folgenden Wörtern gemeint ist, die die Rechtsfolge festlegen:

- wirkt
- unmittelbar
- für und gegen den Vertretenen

(Formulierungsvorschlag s. Anhang 3)

Fall 2 bearbeiten

Im Folgenden ist der obige Fall etwas abgewandelt:

> Franz Kreidler hat im Internet einen Wohnwagen entdeckt, den er kaufen möchte. Als Verhandlungsbasis ist ein Preis von 5.400,00 € angegeben. Da er einen Geschäftstermin in Frankreich wahrnehmen muss, bittet er seinen Bruder Hannes, nach Bremerhaven zu fahren und den Wohnwagen möglichst preiswert zu kaufen. Er stellt seinem Bruder Hannes eine Vollmacht aus und gibt ihm 5.400,00 € mit auf den Weg.

Notieren Sie, zwischen welchen Personen in dem Beispiel Rechtsverhältnisse entstehen und wodurch die Rechtsverhältnisse begründet werden.

Zeichnen Sie mit diesen Informationen ein Mind Map des Dreiecksverhältnisses.

(Lösung in Anhang 4)

Schriftlich erklären

Erklären Sie, welche Rolle die Geschäftsfähigkeit beim Boten und welche Rolle sie bei dem Vertreter spielt.

(Formulierungsvorschlag in Anhang 5)

Lesen

Die 3. Voraussetzung – die Erteilung der Vollmacht – ist in § 167 Abs. 1 BGB geregelt:

> § 167 Abs. 1 BGB
> Die Erteilung der Vollmacht erfolgt durch Erklärung gegenüber dem zu Bevollmächtigenden oder dem Dritten, dem gegenüber die Vertretung stattfinden soll.

Grammatik: Die kausale Präposition „durch"

In diesem Gesetzestext wird die Präposition *durch* gebraucht. Will der Gesetzgeber ausdrücken, auf welche Art und Weise etwas geschieht, benutzt er im Zivilrecht häufig die Präposition *durch*. Mit ihr kann man auf die Fragen antworten:

Wer hat etwas veranlasst (Personen)?
Was wird wodurch verursacht (Ereignisse, Zustände, Tätigkeiten)?

Beispiel: Wird die Vollmacht **durch Erklärung** gegenüber einem Dritten erteilt, ... (§ 170 BGB)

Eine sprachliche Umwandlung könnte folgendermaßen lauten:

> Wird die Vollmacht gegenüber einem Dritten ...
> ... dadurch erteilt, dass eine Erklärung abgegeben wird, ...
> *oder*
> ... erteilt, indem eine Erklärung abgegeben wird, ...

Um den Satz umzuwandeln, machen Sie aus der Phrase *durch Erklärung* einen Nebensatz, der auch ein Verb enthalten muss. Sie brauchen dann zu dem Substantiv (hier: Erklärung) ein Verb (hier: eine Erklärung abgeben).

Präpositionalphrase in einen Nebensatz umwandeln

Wandeln Sie die folgenden Sätze so um, dass wie in dem obigen Beispiel aus der Präpositionalphrase (durch + Nomen) ein Nebensatz wird. Der Nebensatz braucht ein Signalwort (z.B. dadurch, dass) und ein Verb am Ende des Satzes (Vorlage online). Wenn Sie kein geeignetes Verb kennen, benutzen Sie ein Wörterbuch.

Satz	Umwandlung
a) Soweit die rechtlichen Folgen einer Willenserklärung durch Willensmängel oder durch die Kenntnis oder das Kennenmüssen gewisser Umstände beeinflusst werden, … (§ 166 Abs. 1 BGB).	
b) Hat im Falle einer durch Rechtsgeschäft erteilten Vertretungsmacht der Vertreter nach bestimmten Weisungen des Vollmachtgebers gehandelt, … (§ 166 Abs. 2 S. 1 BGB).	
c) Hat jemand durch besondere Mitteilung an einen Dritten oder durch öffentliche Bekanntmachung kundgegeben, … (§ 171 Abs. 1 BGB).	
d) Der besonderen Mitteilung einer Bevollmächtigung durch den Vollmachtgeber … (§ 172 Abs. 1 BGB).	
e) Der andere Teil erleidet dadurch einen Schaden, dass er auf die Vertretungsmacht vertraut (nach § 179 Abs. 2 BGB).	
f) Die Wirksamkeit einer (…) Willenserklärung wird nicht dadurch beeinträchtigt, dass der Vertreter in der Geschäftsfähigkeit beschränkt ist (§ 165 BGB).	

9.2 Prüfungsschema zur Stellvertretung

1. Schritt: Prüfung der Zulässigkeit

Fall 3 besprechen

Hans-Jürgen Wiechers ist entschlossen, Isabel Schneider zu heiraten. Am Hochzeitstag möchte er aber mit seinem Fußballverein ein Spiel bestreiten und schickt seinen besten Freund Felix Oberreiter mit einer Vollmacht zur Trauung, um für ihn das Ja-Wort abzugeben.

Klären Sie in einem Gespräch (Gruppe/Plenum), ob Hans-Jürgen Wiechers verheiratet ist, wenn Felix Oberreiter für ihn das Ja-Wort gegen hat.

▶ **Hinweis:** Um zu prüfen, ob eine rechtlich gültige Stellvertretung vorliegt, müssen deren Voraussetzungen betrachtet werden. Während in § 164 Abs. 1 S. 1 BGB nur drei Voraussetzungen genannt sind, kommt bei der Prüfung als vierte Voraussetzung die Zulässigkeit

hinzu. Verstößt das Handeln des Vertreters gegen irgendeine gesetzliche Vorschrift, dann ist die Stellvertretung unzulässig.
Die Zulässigkeit wird zuerst geprüft, aber nur in den seltenen Fällen, in denen höchstpersönliche Rechtsgeschäfte vorliegen. In allen anderen Fällen ist eine Stellvertretung möglich.

Sich informieren
Erkundigen Sie sich, in welchen höchstpersönlichen Rechtsgeschäften eine Stellvertretung unzulässig ist. Lesen Sie die entsprechenden Paragraphen im BGB und schreiben Sie eine Begründung, warum Hans-Jürgen Wiechers nach dem Fußballspiel immer noch ledig ist.

(Lösung in Anhang 6)

Rechtsvergleich vornehmen
Nehmen Sie einen Rechtsvergleich vor und prüfen Sie, in welchen Ländern eine sogenannte Trauung per Stellvertreter (Stellvertreterhochzeit) möglich ist.

2. Schritt: Prüfung der Willenserklärung

Wie bereits anhand von Fall 1 deutlich wurde, muss bei der Prüfung der Stellvertretung eine WE von einem Botendienst abgegrenzt werden. Hier muss auch die Wirksamkeit der Stellvertretung geprüft werden.

Fall 4 bearbeiten
Klären Sie, inwiefern die folgenden Aufträge an einen Arbeitskollegen rechtlich unterschiedlich zu bewerten sind:

a) „Hol mir mal ein Mohnbrötchen mit Käse und einem Salatblatt drauf."
b) „Holst du dir was zu essen? Bring mir mal was mit."

(Lösung in Anhang 7)

3. Schritt: Das Offenkundigkeitsprinzip

Unter dem Offenkundigkeitsprinzip versteht man, dass dem Geschäftspartner klar sein muss, für wen der Stellvertreter handelt.

Fall 5 besprechen

Besprechen Sie in einer Dreiergruppe die Frage, ob der Arbeitskollege, der zum Einkaufen eines Brötchens geschickt wird, dem Brötchenverkäufer gegenüber offenlegen muss, für wen er das Brötchen kauft. Klären Sie auch, wie Sie sinnvollerweise vorgehen, um die Frage zu beantworten.

(Lösung in Anhang 8)

Fall 6 bearbeiten

Der fünfjährige Hans wird von seinem Vater zu einem Geschäft geschickt, um Druckerpatronen zum Preis von 15,90 € zu kaufen.

Fragen

a) Kann/muss Hans eine eigene Willenserklärung abgeben?
b) Hans bekommt den Auftrag, mehrere Patronen mitzubringen, wenn sie billig sind. Kann Hans drei Patronen kaufen, wenn eine 13,80 € kostet?
c) Der Vater schickt seinen 14-jährigen Sohn zum Einkauf. Was ändert sich an der rechtlichen Beurteilung?

(Lösung in Anhang 9)

9.3 Modalverben in Normen

Der Gesetzgeber verwendet in Normen häufig sog. Modalverben wie *müssen*, *können*, *dürfen* und *sollen*. In den meisten Fällen beziehen sie sich auf die Rechtsfolge innerhalb einer Norm.

Beispiel: § 1311 Abs. 1 BGB
Die Eheschließenden müssen die Erklärung nach § 1310 Abs. 1 BGB persönlich und bei gleichzeitiger Anwesenheit abgeben.

Will der Gesetzgeber etwa ausrücken, dass eine bestimmte Rechtsfolge ausgeschlossen wird, so benutzt er die Fügung *kann nicht*:

Beispiel: Eine Ehe kann nicht von einem Kind aufgehoben werden.

Wenn Sie einen Gesetzestext lesen, müssen Sie also die verwendeten sprachlichen Mittel betrachten und überlegen, welche Intention der Gesetzgeber verfolgte. Als Beispiel kann der § 1311 Abs. 1 BGB dienen (s.o.).

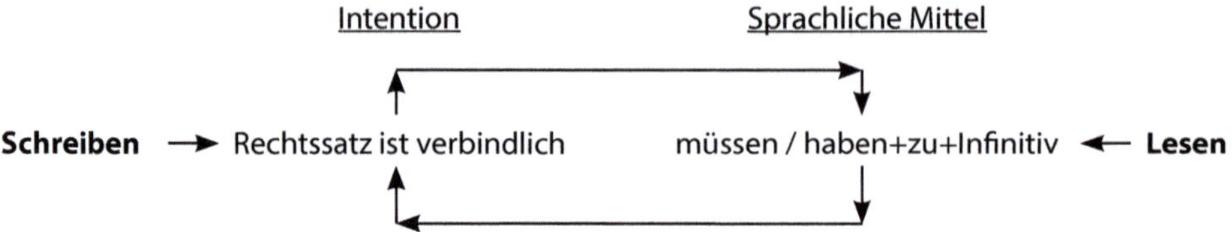

Aussageabsicht erschließen

Beschreiben Sie, wie in den folgenden Normen die Modalverben zu verstehen sind. Beschreiben Sie dabei zunächst allgemein die rechtliche Bedeutung und interpretieren Sie dann die angegebene Norm.

a) Beispiel: müssen: § 1310 Abs. 1 S. 2 HS. 2 BGB

Text:

> Rechtssätze mit dem Wort *müssen* haben grundsätzlich erfüllt zu werden.
> Konkret auf die Norm bezogen: Wenn der Standesbeamte an der Eheschließung mitwirkt, obwohl offenkundig ist, dass die Ehe nach § 1314 Abs. 2 BGB aufhebbar wäre, so hat dies die Nichtigkeit der Eheschließung zur Folge.

b) nicht dürfen: § 1310 Abs. 1 S. 2 HS. 1 BGB
c) können: § 1312 S. 2 BGB
d) nicht können: § 1311 S. 1 BGB
e) nur können: § 1313 S. 1 BGB
f) sollen: § 1312 S. 1 BGB
g) sein + zu + Inf.: §§ 116 S. 2 / 119 S. 1 BGB
h) haben + zu + Inf.: § 122 S. 1 BGB

(Lösungsvorschläge in Anhang 10)

Wiederholungs- und Kontrollfragen

Beantworten Sie folgende Fragen:

1. Welche Voraussetzungen müssen nach § 164 Abs. 1 S. 1 BGB vorliegen?
2. Was ist der Unterschied zwischen Botenschaft und Stellvertretung?
3. Was versteht man unter dem Offenkundigkeitsprinzip?
4. Welche Ausnahmen werden vom Offenkundigkeitsprinzip gemacht?
5. Wann verwendet der Gesetzgeber die kausale Präposition *durch*?
6. Welche Modalverben verwendet der Gesetzgeber häufig in Normen?

(Antworten in Anhang 11)

Vertiefungshinweise

Wörlen, R. & Metzler-Müller, K. (2016): *BGB AT, mit Einführung in das Recht*, S. 196–223.
Köhler, H. (2018): *BGB Allgemeiner Teil*, S. 152–185.
Brox, H. & Walker, W.-D. (2018): *Allgemeiner Teil des BGB*, S. 227–268.

Anhang 1 Voraussetzungen für das Vorliegen einer Vertretung (Aufgabe 1)

1. Der Vertreter muss eine (eigene) WE abgeben.
2. Der Vertreter handelt im Namen des Vertretenen (Handeln im fremden Namen) und teilt dem Vertragspartner mit, für wen er handelt (Offenkundigkeitsprinzip).
3. Der Vertreter muss vom Vertretenen zum Handeln bevollmächtigt worden sein.

Anhang 2 Prüfung des Vorliegens einer Vertretung (Fall 1)

Es liegt hier keine Vertretung vor, da Hannes Kreidler zwar die Voraussetzungen 2 und 3 erfüllt, aber keine eigene WE abgibt. Er fungiert daher lediglich als Bote.

Anhang 3 Formulierungsvorschlag (Aufgabe 2)

wirkt:	übt eine Wirkung im Sinne einer Rechtsfolge aus
unmittelbar:	Die Erklärung des Vertreters wirkt **direkt** für den Vertretenen.
für und gegen den Vertretenen:	a) Der Vertretene hat die WE des Vertreters zu verantworten. b) Der Vertretene ist an die WE des Vertreters gebunden, als hätte er sie selbst abgegeben.

Anhang 4 Fall 2 bearbeiten

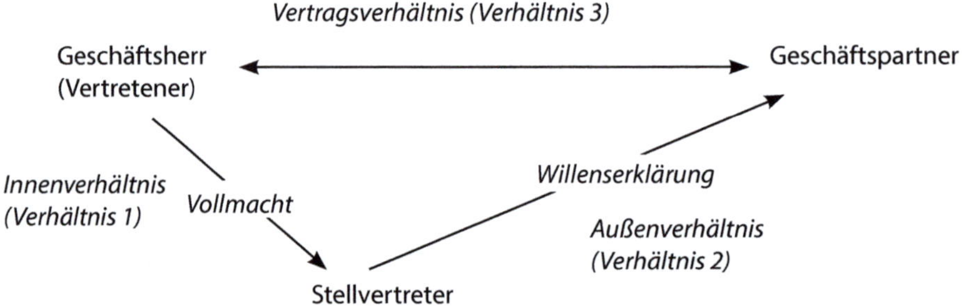

Anhang 5 Formulierungsvorschlag (Aufgabe 4)

Da der Bote keine eigene WE abgibt, muss er auch nicht geschäftsfähig sein.

Der Vertreter gibt eine eigene WE ab. Er muss zumindest beschränkt geschäftsfähig sein (s. § 165 BGB).

Anhang 6 Sich informieren

Bei höchstpersönlichen Rechtsgeschäften ist eine Stellvertretung nicht möglich ebenso dann, wenn in Verträgen ausdrücklich eine Stellvertretung ausgeschlossen ist.

▶ Beispiele für Höchstpersönliche Rechtsgeschäfte:
§ 1311 BGB Eheschließung
§ 2064 BGB Testamentserrichtung

Anhang 7 Fall 4 bearbeiten

Entscheidend ist der Unterschied zwischen einem Boten und einem Stellvertreter. Ein Stellvertreter hat dabei einen Entscheidungsspielraum (eigene WE), ein Bote nicht.

Anhang 8 Fall 5 besprechen

Bargeschäfte des täglichen Lebens sind von dem Offenkundigkeitsprinzip ausgenommen. Sie finden dazu keine Regelungen im BGB. Hinweise dazu gibt es in Lehrbüchern zum BGB, z.B. Wörlen S. 208.

Der Brötchenverkäufer hat kein Interesse daran zu erfahren, wer sein Geschäftspartner hat.

Anhang 9 Fall 6 bearbeiten

Zu a) Der fünfjährige Hans kann zwar keine eigene WE abgeben, er kann aber geringe Bargeldeinkäufe tätigen. Die Antwort ergibt sich aus einem Umkehrschluss zu § 165 BGB.

Zu b) Da der fünfjährige Hans keine eigene WE abgeben kann, kann er im Auftrag des Vaters keinen Einkauf tätigen, der ihm einen Entscheidungsspielraum lässt und über geringe Bargeldeinkäufe des täglichen Lebens hinausgeht. Die Antwort ergibt sich aus einem Umkehrschluss zu § 165 BGB.

Zu c) Der 14-jährige Sohn ist nach §§ 106 und 165 BGB beschränkt geschäftsfähig und kann damit eine eigene WE abgeben. Eine Stellvertretung ist möglich.

Anhang 10 Aussageabsicht erschließen

Zu b) *nicht dürfen* lässt der handelnden Person keinen Entscheidungsspielraum. Positiv formuliert: Der Handelnde muss etwas tun.
Auf die Norm bezogen: Der Standesbeamte ist verpflichtet, an der Eheschließung mitzuwirken unter der Voraussetzung, dass die Voraussetzung der Eheschließung vorliegen.

Zu c) Durch die Verwendung von *können* wird die Möglichkeit aufgedrückt, in der angegebenen Weise zu handeln, ohne dass aber eine zwingende Notwendigkeit besteht. Es besteht also eine Alternative zu handeln.
Auf die Norm bezogen: Es besteht keine Pflicht, dass Trauzeugen anwesend sind. Es können aber bis zu zwei Personen als Trauzeugen fungieren.

Zu d) Durch die Verwendung von *nicht können* wird ausgedrückt, dass eine bestimmte Möglichkeit nicht besteht. Wird diese Möglichkeit dennoch realisiert, ist die Rechtsfolge nichtig.
Auf die Norm bezogen: Wenn die Eheschließenden ihre Erklärung nur unter einer Bedingung oder Zeitbestimmung abschließen können, ist die Eheschließung nichtig.

Zu e) Mit der Verwendung von *können nur* wird eine Möglichkeit angegeben, die als einzige zu der gewünschten Rechtsfolge führt.
Auf die Norm bezogen: Möchten die Eheleute eine Ehe aufheben, dann müssen sie einen Antrag stellen und eine richterliche Entscheidung herbeiführen.

Zu f) Mit der Verwendung von *sollen* (Soll-Vorschrift) gewährt der Gesetzgeber einen Ermessensspielraum, i.d.R. muss aber so vorgegangen werden. Die Vornahme einer Handlung ist demnach nicht zwingend.
Auf die Norm bezogen: I.d.R. werden die Eheleute einzeln befragt.

Zu g) Mit der Verwendung von *sein + zu + Infinitiv* entsteht eine Satzkonstruktion, die dem Passiv zu vergleichen ist: Das Subjekt verschwindet, es wird etwas vom Sprecher (Gesetzgeber) aus gesehen. Der Gesetzgeber möchte i.d.R. eine Notwendigkeit ausdrücken (müssen), zuweilen wird aber auch eine Möglichkeit ausgedrückt, so dass ein Ermessensspielraum bleibt.
Konkret auf die Norm § 119 S. 1 BGB bezogen: „wenn anzunehmen ist" lässt sich als eine Möglichkeit verstehen, nicht unbedingt als Zwang. Es bleibt hier ein Ermessensspielraum.
Auf die Norm § 116 S. 2 BGB bezogen: Als Bedingung für die Nichtigkeit einer Erklärung werden zwei Bedingungen genannt: Die Erklärung muss

einem anderen gegenüber abgegeben werden, und dieser muss den Vorbehalt kennen.

Zu h) Mit der Verwendung von *haben + zu + Infinitiv* wird eine Muss-Vorschrift ausgedrückt, in der (im Unterschied zu *sein + zu + Infinitiv)* ein Handelnder genannt wird.
Auf die Norm bezogen: Der Erklärende muss unter den genannten Bedingungen den Schaden ersetzen.

Anhang 11 Antworten auf die Wiederholungs- und Kontrollfragen

1. Nach § 164 Abs. 1 S. 1 BGB müssen folgende Voraussetzungen vorliegen:
   - Zulässigkeit der Stellvertretung (ungeschriebenes Tatbestandsmerkmal)
   - eigene WE des Vertreters
   - Handeln des Vertreters im fremden Namen
   - Handeln mit Vertretungsmacht

2. Der Unterschied zwischen Botenschaft und Stellvertretung besteht in folgendem:
   Der Bote überbringt nur eine vorgefertigte WE des Vertretenen, handelt also wie eine Brieftaube.
   Juristischer Spruch: „Ist das Kindlein noch so klein, kann es dennoch Bote sein."
   Der Stellvertreter gibt eine eigene WE ab.
   Bei der Abgrenzung zwischen Bote und Stellvertreter gibt es einen Entscheidungsspielraum.

3. Unter dem Offenkundigkeitsprinzip versteht man, dass der Vertreter grundsätzlich offenlegen muss, für wen er handelt. Das Offenkundigkeitsprinzip dient dem Schutz des Erklärungsgegners. Er soll wissen, wer sein Vertragspartner ist.

4. In bestimmten Fällen muss der Vertreter nicht offenlegen, für wen er handelt. Das ist z.B. der Fall bei Bargeschäften des täglichen Lebens, da es dem Geschäftspartner egal ist, mit wem er handelt. Eine weitere Ausnahme besteht bei unternehmensbezogenen Geschäften, da die Kassiererin an der Kasse offensichtlich nicht für sich selbst handelt, sondern für das Unternehmen/das Geschäft. In solchen Fällen wird trotz fehlender Offenlegung des Vertreterhandelns nicht der Handelnde verpflichtet, sondern der Vertretene/Geschäftsinhaber.

5. Der Gesetzgeber verwendet die kausale Präposition *durch*, wenn er ausdrücken möchte, auf welche Art und Weise etwas geschieht.

6. Der Gesetzgeber verwendet folgende Modalverben häufig in Normen:
   – müssen, können, dürfen, sollen.
   In den meisten Fällen beziehen sie sich auf die Rechtsfolgen innerhalb einer Norm.

Literatur

Juristische Gesetzestexte/Fachliteratur

Gesetzestexte:

Grundgesetz (2018): *GG, Grundgesetz.* München: Beck-Verlag.
Bürgerliches Gesetzbuch (2018): *BGB, Bürgerliches Gesetzbuch.* München: Beck-Verlag.

Fachliteratur:

Altevers, R. (2018): *Basiswissen, Staatsorganisationsrecht.* Münster: Alpmann Schmidt Verlag.

Brox, H. & Walker, W.-D. (2018): *Allgemeiner Teil des BGB.* München: Franz Vahlen Verlag.

Badura, P. (2018): *Staatsrecht.* München: Beck-Verlag.

Kühl, K. & Reichold, H. & Ronellenfitsch, M. (2015): *Einführung in die Rechtswissenschaft: Ein Studienbuch.* München: Beck-Verlag.

Köhler, H. (2018): *BGB Allgemeiner Teil.* München: Beck-Verlag.

Klunzinger, E. (2013): *Einf*ührung in das Bürgerliche Recht. Tübingen: Franz Vahlen Verlag.

Model, O. & Creifelds, C. (2018): *Staatsbürger Taschenbuch.* München: Beck-Verlag.

Robbers, G. (2017): *Einführung in das deutsche Recht.* Baden-Baden: Nomos-Verlag.

van Hüllen, H. (2007): *Rechtslehre, Eine praktische Einführung.* Troisdorf: Bildungsverlag Eins.

Wörlen, R. & Metzler-Müller, K. (2016): *BGB AT, mit Einführung in das Recht.* München: Franz Vahlen Verlag.

Rechtswörterbücher:

Creifelds, C. & Weber, K. (2017): *Rechtswörterbuch.* München: Beck-Verlag.

Hilgendorf, E. & Jünger, S. (2008): *dtv-Atlas Recht, Band 1, Grundlagen, Staatsrecht, Strafrecht.* München: Deutscher Taschenbuch Verlag.

Hilgendorf, E. & Jünger, S. (2008): *dtv-Atlas Recht, Band 2, Verwaltungsrecht, Zivilrecht.* München: Deutscher Taschenbuch Verlag.

Köbler, G. (2018): *Juristisches Wörterbuch.* München: Franz Vahlen Verlag.

Benutzte Literatur zu sprachlichen Aspekten

Hinweise zu sprachlichen Besonderheiten der juristischen Fachsprache finden sich auf einer Vielzahl von Internet-Seiten, die aus Gründen der sich ändernden Aktualität hier nicht aufgelistet werden. Ebenso gibt es eine Vielzahl von wissenschaftlichen Beiträgen in Fachzeitschriften, die hier nicht aufgelistet werden.

Bundesministerium der Justiz (2008): *Handbuch der Rechtsförmlichkeit.* S. 37–50 (Rn 68–109).

Hoffmann, M. (2017): *Deutsch fürs Jurastudium.* Utb / Paderborn: F. Schöningh.

Lippmann, S. & Scholz, L. (2014): *Das BGB für ausländische Studierende.* Heidelberg: C.F. Müller.

Simon, H. & Funk-Baker, G. (2017): *Deutsche Rechtssprache.* München: C.H.Beck.

Götz, D. (Hrsg.) (2015): *Langenscheidt Großwörterbuch Deutsch als Fremdsprache.* München: Langenscheidt Verlag.

Sachverzeichnis
Juristische Terminologie

Sprachliche Terminologie

Abkürzungsverzeichnis

Abs.	Absatz
a.E.	am Ende
AG	Amtsgericht
Alt.	Alternative
ArbG	Arbeitsgericht
Art.	Artikel
AT	Allgemeiner Teil
BAG	Bundesarbeitsgericht
BFH	Bundesfinanzhof
BGB	Bürgerliches Gesetzbuch
BGH	Bundesgerichtshof
BGHZ	Bundesgerichtshof in Zivilsachen
BSG	Bundessozialgericht
BT	Besonderer Teil
Bsp.	Beispiel
BVerfGG	Bundesverfassungsgerichtsgesetz
BVerwG	Bundesverwaltungsgericht
bzw.	beziehungsweise
ca.	circa
Ct	cent
DaF	Deutsch als Fremdsprache
Dat.	Dativ
d.h.	dass heißt
(2x)	doppelt
DTV	Deutscher Taschenbuch Verlag
evtl.	eventuell
ff.	fortfolgende
FG	Finanzgericht
GG	Grundgesetz
gem.	gemäß
Gen.	Genitiv
GV	Gesetzesvorlage
GVG	Gerichtsverfassungsgesetz
GW	Geschäftswille
HS	Hauptsatz
HS.	Halbsatz
i.d.R.	in der Regel
iHv.	in Höhe von
iSv.	im Sinne von
i.V.m./iVm.	In Verbindung mit

Kap.	Kapitel
LAG	Landesarbeitsgericht
LG	Landgericht
LSG	Landessozialgericht
LVerfG	Landesverfassungsgericht
Min.	Minuten
Nr.	Nummer
NS	Nebensatz
OLG	Oberlandesgericht
OVG	Oberverwaltungsgericht
§	Paragraph
§§	Paragraphen
RG	Rechtsgeschäft
s.	siehe
S. (bei einer Norm)	Satz
S. (in den Vertiefungshinweisen)	Seite
s.a.	siehe auch
SchöffenG	Schöffengericht
SG	Sozialgericht
SR	Sprungrevision
StGB	Strafgesetzbuch
StPO	Strafprozessordnung
StrafRi	Strafrichter
s.u.	siehe unten
u.Ä.	und Ähnlichem
u.a.	unter anderem
usw.	und so weiter
u.U.	unter Umständen
VG	Verwaltungsgericht
VGH	Verwaltungsgerichtshof
vgl.	vergleiche
VwGO	Verwaltungsgerichtsordnung
WE	Willenserklärung
z.B.	zum Beispiel
ZPO	Zivilprozessordnung
z.T.	zum Teil